河南省高等学校哲学社会科学优秀著作资助项目

审计师行业专长及其经济后果：基于中国资本市场的经验证据

主　编　冯银波
副主编　李　刚

·郑州·

图书在版编目(CIP)数据

审计师行业专长及其经济后果:基于中国资本市场的经验证据/冯银波主编;李刚副主编. -- 郑州:河南大学出版社,2021.12

ISBN 978-7-5649-4983-9

Ⅰ.①审… Ⅱ.①冯…②李… Ⅲ.①审计-经济师-研究-中国 Ⅳ.①F239.22

中国版本图书馆 CIP 数据核字(2022)第 000880 号

审计师行业专长及其经济后果:基于中国资本市场的经验证据
SHENJISHI HANGYE ZHUANCHANG JIQI JINGJI HOUGUO:JIYU ZHONGGUO ZIBEN SHICHANG DE JINGYAN ZHENGJU

策划统筹	杨国安　谌洪波
责任编辑	郑华峰　王　慧
责任校对	纪庆芳
封面设计	陈盛杰

出　版	河南大学出版社
	地址:郑州市郑东新区商务外环中华大厦2401号　邮编:450046
	电话:0371-86059752(自然科学与外语部)　网址:hupress.henu.edu.cn
	0371-86059701(营销部)
排　版	郑州市今日文教印制有限公司
印　刷	广东虎彩云印刷有限公司
版　次	2021年12月第1版　　　　印　次　2021年12月第1次印刷
开　本	710 mm×1010 mm　1/16　印　张　12
字　数	228千字　　　　　　　　　定　价　37.00元

(本书如有印装质量问题,请与河南大学出版社营销部联系调换。)

前　言

　　20世纪80年代以来,以英美为代表的发达国家独立审计服务市场竞争日益激烈,大型会计师事务所为了寻求有效的竞争战略并获取竞争优势,逐步走向了行业专门化的道路。国际上,KPMG Peat Marwick's 最早在1993年就按行业服务线重组了其组织机构,各国的审计质量准则,如美国(AICPA,1993)、英国(U.K. APB,1995)、澳大利亚(ASAICA,1989)等也都强调了识别、设计、发展行业专长的重要性。西方会计理论界也分别从全国(总所)、区域(分所)和审计师个人三个层面普遍得出行业专长审计师能够提高审计质量的结论,如行业专长审计师的客户有更低水平的操控性应计、更高的盈余反映系数、更高的披露质量、更低的可能性操控盈余以达到或超过盈余预测以及更高的出具非标准审计意见报告的概率、更低的与舞弊财务报告相关联的概率。西方主流文献虽然深入到了区域(分所)、审计师个人层面,但其结论的外部效度如何存在疑问。

　　考虑到我国在资本市场发育程度、审计师法律责任、投资者保护、审计市场结构、政府监管与处罚等许多制度背景方面,与西方发达国家有很大不同,而且,国内关于审计师行业专长与审计质量关系的研究目前仍停留在全国(总所)层面行业专长上,尚未有文献从区域(分所)层面展开,因此,本文从全国(总所)、区域(分所)两个层面进一步拓展该领域的研究,并结合我国绝大多数上市公司股权高度集中,政府或家族通常在公司中具有绝对控制权的特殊国情,来探讨控制权性质对审计师行业专长与审计质量关系的调节作用,系统、全面地回答基于我国的制度背景行业专长审计师能否提高审计质量的问题。

　　行业专长审计师能否提高审计质量不仅是审计理论研究的热门问题,也受到监管部门和会计师事务所的高度关注,对这个问题的回答关系着事务所按行业重组其审计服务生产线的必要性。本文采用文献中用到的四种操控性应计估计模型以及三种审计质量模型检验了审计师行业专长与审计质量的关系,在统一的框架下,系统、全面地回答了在我国的制度背景下,行业专长审计师能否提高审计质量的问题。利用2007~2015年沪深A股上市公司的数据,研究审计师行业专长对审计质量的影响,基于操控性应计模型的经验结果表明:行业专长审计师能更有效地抑制企业盈余管理行为,提高盈余质量,也即提供更高的审计质量,其中,区域(分所)层面行业专长与盈余质量显著负相关,全国(总所)层面行业专长与盈余质量的关系不显著,全国(总所)与区域(分所)之间的互补作用则不稳健。进一步采用达到或超过盈余门槛模型、非标准审计意见模型进行检验,得到的结论与操控性应计模型一致,这意味着在我国,审计师行业专长效应主要体现在区域(分所)层次,全国(总所)层面的行业专长声誉、知识或技能等并不能通过总所-分所之间的网络传递到分所层次。

　　审计定价是一个受到审计领域研究者广泛关注的问题。国际主流学术界,在研究审计定价影响因素时往往会把事务所分为国际N大和非国际N大,但本文则同时控制了声誉、规模,在分离出声誉影响的基础上,进一步考察了行业专长溢价。利用2012~2014年的数据,实证考察审计师声誉、行业专长与审计定价的关系,结果表明:审计师声誉、行业专长均与审计收费正相关,其中,审计师声誉溢价约为89.89%,按市场份额及客户数量认定的审计师行业专长溢价分别为10.08%、4.7%;进一步的分组研究表明,国际四大中行业专长的作用不显著,而非国际四大中行业专长的作用显著,两种方法认定的审计师行业专长溢价分别为8.87%、2.4%。本文结论对引导会计师事务所实施"做精做专、做大做强"战略,形成品牌声誉,发展行业专长,提升核心竞争力有重要意义。

　　此外,控制权性质如何影响审计质量(以审计定价作为代理变量)也是一个广受关注的问题。本文结合我国上市公司控制权高度集中,且国有控股企业占很大比重的特殊国情,在研究审计师行业专长对审计定价的影响时,重点考虑了控制权性质的调节作用，丰富了审计师行业专长溢价研究的文献。利用审计收费管制解除后2012~2014年中国上市公司的面板数据，考察控制权性质、审计师行业专长与审计定价的关系。研究结果表明：终极控制人为国有的上市公司比非国有的支付了相对较低的审计费用，行业专长审计师比非行业专长审计师收取了相对较高的审计费用，支持了审计定价中存在风险溢价和行业专长溢价的观点。进一步的分组研究发现，在国有控股的上市公司中按市场份额衡量的审计师行业专长与审计收费显著正相关，按客户数量衡量的审计师行业专长与审计收费微弱正相关；而在非国有控股的上市公司中两种方法衡量的审计师行业专长均与审计收费显著正相关，这在一定程度上表明结果基本稳健。本文结论对引导审计师在审计定价决策中考虑与控制权性质相关的风险以及有针对地发展行业专长有重要意义。

目 录

第1章 导论 (1)
  1.1 研究背景与问题提出 (1)
    1.1.1 研究背景 (1)
    1.1.2 问题提出 (3)
  1.2 研究目的与研究意义 (5)
    1.2.1 研究目的 (5)
    1.2.2 研究意义 (6)
  1.3 研究内容与框架 (7)
    1.3.1 研究内容 (7)
    1.3.2 研究框架 (10)
  1.4 研究方法 (10)
    1.4.1 文献研究 (11)
    1.4.2 规范式定性研究 (11)
    1.4.3 实证式定量研究 (11)
    1.4.4 实地访谈 (12)
  1.5 研究特色与可能的创新点 (12)

第2章 审计师行业专长研究：理论基础与文献综述 (14)
  2.1 引言 (14)
  2.2 理论基础 (16)
    2.2.1 波特（Porter）的竞争优势理论 (16)

2.2.2 "干中学"理论 …………………………………………（17）
　　2.2.3 分工理论 ……………………………………………（17）
2.3 审计师行业专长的经济后果 …………………………………（18）
2.4 审计师行业专长的度量与行业专长审计师的认定并不一致 …（20）
2.5 行业专长的度量方法与度量基础 ……………………………（26）
　　2.5.1 度量方法 ……………………………………………（26）
　　2.5.2 度量基础 ……………………………………………（29）
2.6 行业专长审计师的认定方法与认定层次 ……………………（30）
　　2.6.1 认定方法 ……………………………………………（30）
　　2.6.2 认定层次 ……………………………………………（31）
2.7 小结 ……………………………………………………………（33）

第3章 审计质量度量与实证模型构建 …………………………（34）
3.1 引言 ……………………………………………………………（34）
3.2 审计质量的含义 ………………………………………………（36）
3.3 审计质量度量：产出的视角 …………………………………（38）
　　3.3.1 监管处罚基础的指标 ………………………………（38）
　　3.3.2 审计师基础的指标 …………………………………（39）
　　3.3.3 财务报告质量基础的指标 …………………………（39）
　　3.3.4 市场感知基础的指标 ………………………………（40）
　　3.3.5 未来研究展望 ………………………………………（41）
3.4 审计师提高审计质量的动机与能力 …………………………（41）
　　3.4.1 动机：声誉与诉讼风险 ……………………………（41）
　　3.4.2 能力：行业专长、分所规模与审计过程 …………（43）
　　3.4.3 评析与展望 …………………………………………（45）
3.5 审计质量度量：相关指标在文献中的应用 …………………（46）
3.6 审计质量的经验框架与实证模型构建 ………………………（50）
　　3.6.1 经验框架 ……………………………………………（50）
　　3.6.2 实证模型构建 ………………………………………（55）
3.7 小结 ……………………………………………………………（56）

第4章　行业专长审计师能否提高审计质量：基于全国总所与区域分所的分析 (57)

- 4.1　引言 (57)
- 4.2　文献综述与研究假设 (58)
  - 4.2.1　行业专长审计师与盈余质量 (58)
  - 4.2.2　行业专长审计师与非标准审计意见报告 (61)
- 4.3　行业专长审计师界定 (63)
  - 4.3.1　样本选择 (63)
  - 4.3.2　行业专长审计师的描述性统计量 (63)
  - 4.3.3　行业专长审计师界定 (70)
- 4.4　操控性应计模型 (72)
  - 4.4.1　研究设计 (73)
  - 4.4.2　实证结果 (78)
  - 4.4.3　稳健性检验 (89)
- 4.5　达到或超过盈余门槛模型 (99)
- 4.6　非标准审计意见报告模型 (102)
- 4.7　进一步分析 (105)
  - 4.7.1　替代变量的讨论 (105)
  - 4.7.2　调节变量的讨论 (106)
- 4.8　小结 (106)

第5章　审计师声誉、行业专长与审计定价 (108)

- 5.1　引言 (108)
- 5.2　文献回顾与研究假设 (109)
  - 5.2.1　审计师声誉与审计定价 (109)
  - 5.2.2　审计师行业专长与审计定价 (110)
  - 5.2.3　审计师声誉、行业专长与审计定价 (112)
- 5.3　研究设计 (112)
  - 5.3.1　研究样本与数据来源 (112)
  - 5.3.2　研究变量 (113)
  - 5.3.3　研究模型 (114)

5.4 实证结果与分析 …………………………………………………（115）
5.4.1 描述性统计 ………………………………………………（115）
5.4.2 相关性分析 ………………………………………………（116）
5.4.3 回归分析 …………………………………………………（118）
5.4.4 分组检验 …………………………………………………（120）
5.5 稳健性检验 …………………………………………………（123）
5.5.1 异方差-聚类稳健标准误回归 ……………………………（123）
5.5.2 仅对审计师为前十二大的样本进行回归 ………………（124）
5.5.3 审计师声誉与行业专长的交互作用检验 ………………（126）
5.6 小结 ……………………………………………………………（127）

第6章 控制权性质、审计师行业专长与审计定价 …………………（129）
6.1 引言 ……………………………………………………………（129）
6.2 文献回顾与研究假设 …………………………………………（131）
6.2.1 控制权性质与审计定价 …………………………………（131）
6.2.2 控制权性质、审计师行业专长与审计定价 ……………（132）
6.3 研究设计 ………………………………………………………（133）
6.3.1 研究样本与数据来源 ……………………………………（133）
6.3.2 研究变量 …………………………………………………（134）
6.3.3 研究模型 …………………………………………………（137）
6.3.4 研究方法 …………………………………………………（138）
6.4 实证结果与分析 ………………………………………………（138）
6.4.1 描述性统计 ………………………………………………（138）
6.4.2 相关性分析 ………………………………………………（140）
6.4.3 回归分析 …………………………………………………（142）
6.4.4 分组检验 …………………………………………………（144）
6.5 稳健性检验 ……………………………………………………（147）
6.5.1 仅对审计师为前十二大的样本进行回归 ………………（147）
6.5.2 采用 SOE2 衡量控制权性质进行回归 …………………（149）
6.5.3 采用不同的方法认定行业专长审计师 …………………（150）
6.6 小结 ……………………………………………………………（151）

第7章 研究结论与政策建议 (153)
7.1 研究结论 (153)
7.2 政策建议 (155)
7.2.1 继续推动事务所"做精做专、做大做强"战略 (155)
7.2.2 继续推动注册会计师行业品牌化 (155)
7.2.3 推动事务所按行业重组生产线 (156)
7.2.4 推动修订行业监管方面的法律法规 (156)
7.3 局限性 (157)
7.4 未来研究展望 (158)

参考文献 (161)

#　第1章　导　论

1.1　研究背景与问题提出

1.1.1　研究背景

审计师行业专长的研究不仅在审计理论界是一个重要话题,在审计实务界也受到广泛关注。企业在做出聘任审计师的决策中会考虑是否有必要聘请行业专长审计师,而事务所则通常要考虑发展行业专长是否具有经济合理性、是否有助于提高事务所品牌声誉、是否有助于形成核心竞争力等。20世纪80年代以来,以英美为代表的发达国家独立审计服务市场竞争日益激烈,大型会计师事务所为了寻求有效的竞争战略并获取竞争优势,逐步走向了行业专门化的道路。国际上,KPMG Peat Marwick's 最早在1993年就按行业服务线重组了其组织机构,各国的审计质量准则,如美国(AICPA,1993)、英国(U.K. APB,1995)、澳大利亚(ASAICA,1989)等也都强调了识别、设计、发展行业专长的重要性。

长期以来,准则制定机构、监管部门以及实证会计研究者都认为行业专长水平的差异是导致审计质量波动的一个重要因素。这个领域的文献假定审计师会长期在一个特定行业从事审计活动,接触大量的同质客户,从而有更大的可能形成特定行业的专门知识和技能;也有研究认为,行业专长审计师会用大量的专用投资发展审计技术、物理设备、人力资源以及组织管理系统,这使得他们有动机和能力发现并报告客户的违规和错报(Simunic and Stein,1987);由于客户对专业审计服务的需求,使得行业专长审计师在其专长行业的市场份额增加,而市场份额的增加为审计师带来了两个竞争优势,审计师执行审计的成本进一步降低、为客户提供服务的价值进一步增加(Mayhew and Wilkins,2003)。

西方文献普遍得出行业专长审计师能提高审计质量的结论,如行业专长审计师的客户有更低水平的操控性应计(Chi and Chin,2011)、更高的盈余反应系数(Lim and Tan,2008)、更高的披露质量(Dunn and Mayhew,2004)、更低的可能性通过操控盈余以达到或超过盈余预测以及更高的出具非标准审计意见报告的概率(Reichelt and Wang,2010)、更低的与舞弊财务报告相关联的概率(Carcello and Nagy,2004),而且逐步把对审计师行业专长的研究从全国(总所)层面推进到区域(分所)层面。导致这种转换的一个原因是研究者认为既然审计合约的签订和执行都是以分所为主体,那么财务报告的审计质量就会因分所的不同而不同,把决策权下放给具有相关知识和技能的个人会提高效率,因为有关客户的专门知识是影响审计决策的一个重要因素,实际上重要的决策常常是由最熟悉其客户的项目合伙人做出的。正因为如此,DeFond等(2005)进一步提出把分析的层次拓展到审计师个人层面将有助于更好地理解审计师行为,随后的研究多利用我国台湾地区、西班牙等披露签字注册会计师信息的地区或国家的数据,发现审计产出在项目合伙人个人层面有很大不同,这暗示了审计师的个人动机和专长将不同于总所和分所层面(Goodwin and Wu,2014;Zerni,2012)。此外,有研究强调制度背景的重要性,如Chen等(2011)认为法律和监管的改变有助于更好地理解审计师与客户的关系,强调跨制度背景研究的重要性;Bedard(2012)则明确指出由于制度环境的重要性,需要在公开披露签字注册会计师个人信息的国家或地区进行复制研究。总体上,这类研究的内部效度通常比较可靠,但其外部效度如何,结论是否能够推广到其他国家和地区则值得怀疑。

检验审计师行业专长是否与更高的审计收费相关联,则在某种程度上意味着专长能否得到客户的认可,该领域的文献并没有得到一致结论。通常不同的会计师事务所会有选择地重点发展几个行业,从而在特定行业形成行业专长,成为行业专长审计师(Eichenseher and Danos,1981)。行业专长审计师收取较高的审计费用,则暗示其提供了更高质量的服务。Ferguson 等(2003)利用澳大利亚的数据,检验了是否全国(总所)层面、区域(分所)层面的行业市场份额联合决定了客户感知的审计师行业专长,发现同时具有全国(总所)、区域(分所)行业专长的审计师相比其他情形收取了更高的审计费用,也即存在联合专长溢价。Francis 等(2005)采用 Ferguson 等(2003)的分析框架,检验了美国审计市场的情形,得出联合专长审计师收取了显著较高的审计费用。随后,Basioudis 等(2007)利用英国的数据,发现仅单独分所行业专长审计师能获得专长溢价;Fung 等(2012)利用美国萨班斯-奥克斯利法案(Sarbanes-Oxley Act,SOX)前后的数据,发现分所层面的行业专长审计师能获得专长溢价;Zerni(2012)利用瑞典的数据,发现个人层面的行业专长审计师在一定条件下能够获得专长溢价,支持存在行业专长溢价的结论。总体上,大部分研究支持行业专长与审计费用的正相关关系,但是附加了很多限制条件,如费用溢价仅发生在大客户市场、仅存在几年、仅存在小客户样本中。另外,大多数研究者都意识到这方面的结论并不稳健,特别是对行业专长的计量和样本期间的依赖。此外,还可检验审计师转换的市场反应,发现转换为专长审计师(非专长审计师)的,市场反应为正(负),这与行业专长能够提高审计质量的感知一致(Knechel et al.,2007)。

1.1.2 问题提出

考虑到我国在资本市场发育程度、审计师法律责任、投资者保护、审计市场结构、政府监管与处罚等许多制度背景方面,与西方发达国家有很大不同,因此,也有国内研究者采用我国的数据对该问题进行检验。如早期的蔡春等(2007)、刘桂良等(2008)分别利用我国 2001~2004 年、2004~2005 年的数据,得出会计师事务所行业专长在一定程度上与审计质量负相关;刘文军等(2010)则利用 2002~2008 年被证监会处罚的上市公司为样本,得出审计师行业专长能够提高审计质量,并认为产生上述分歧的原因在于对衡量审计师行业专长指标的恰当选取上。随后的研究则多提供了行业专长能够提高审计质量的经验证据,如龙振海等(龙振海、胡奕明,2011)利用 2002~2008 年的数据,提出行业专长审计师的客户对损失的确认更及时,并能够显著抑制上市公司盈余信息的不稳健行为;范经华等(2013)以 2008~2009 年沪深 A 股上市公司为样本,研究了内部控制与审计师行业专长对盈余管理的治理作用,发现行业专长事务所能够显著抑制上市公司应计和真实盈余管理。到目前为止,国内关于审计师行业专长与审计质量的研究多停留在全国(总所)层面行业专长(赵艳秉、张龙平,2017;张宏亮、文挺,2016;陈丽红、张龙平,2010),尚未有研究在区域(分所)层面展开①。因此,本文拟沿先前文献的思路,从全国(总所)、区域(分所)两个层面进一步拓展该领域的研究。

关于国际 N 大能否获取审计费用溢价的问题,一直存在争议。最早 Simunic(1980)在其经典审计定价文献中,开创性地提出了审计定价模型,认为规模较大的事务所具有规模经济性,收费更低。随后,DeAngelo(1981)则提出由于审计质量难以观察,代表高审计质量的 N 大,收费更高。随后的研究基本上沿着 Simunic、DeAngelo 的思路,按照规模把客户市场区分为大、小客户市场,然而一直未能取得比较一致的结论。国内有学者认为 N 大与非 N 大在审计定价上没有显著差异(李爽、吴溪,2004;刘斌等,2003),也有研究者提出二者有显著差异(田利辉、刘霞,2013;吴联生、刘慧龙,2008;漆江娜等,2004;王善平、李斌,2004;朱小平、余谦,2004;伍利娜,2003)。事实上,由于 N 大(特别是国际四大审计师)通常是集规模、声誉与一身,声誉与规模对审计定价的影响无法有效分离。因此,国内外学者通常把事务所分为 N 大与非 N 大两类,没有进一步区分规模与声誉。整体上看,国内有关审计师声誉对审计定价影响的研究多集中在 2003~2004 年,有关行业专长对审计定价影响的研究则大多在 2010 年以后,同时把审计师声誉和行业专长结合起来考察的研究较少。因此,本文选择在控制事务所规模的基础上,研究审计师声誉、行业专长对审计定价的影响。

此外,与英美等发达国家证券市场股权高度分散不同,中国绝大多数上市公司股权高度集中,政府或家族通常在公司中具有绝对控制权(李增泉,2017)。尽管近年来,非国有控股上市公司的数量已经超过国有控股上市公司,但是从市值规模比重来看,国有控股上市公司仍超过了 60%(Wong,2016)。Faccio(2006)指出从全球平均来看大约有 2.68% 的上市公司的控股

---

① 文献范围限定在以下期刊:经济研究、会计研究、审计研究、中国财务与会计、中国会计评论、财经研究、管理世界、南开管理评论、管理科学学报、管理评论、经济管理。

股东或董事会成员有政治背景,这一比例在美国更是低于0.2%,显然就控制权性质而言这与中国的情况大相径庭。以英美为主的西方国家在研究审计定价时,通常把样本分为 BigN 审计师与非 BigN 审计师、大规模客户与小规模客户、总所与分所等类别,较少联系控制权性质从国有与非国有的角度进行分类,这或许与英美等国家国有经济比重较低有关。而关于控制权性质与审计定价的研究,则主要涉及以下几个方面,如研究国有控股公司是否有高质量审计的需求(Wang and Xia, 2008; DeFond et al., 1999);国有控股上市公司有政府担保,审计师的审计风险较低,从而影响其审计定价策略(宋铁波、吴小节,2013;李骥等,2005);政治关联对审计定价的影响(郭梦岚、李明辉,2009;高燕,2008)。总体来看,国内外关于控制权性质对审计定价以及审计师行业专长对审计定价影响的研究有不少,但是,鲜有把二者结合起来,在考虑控制权性质的基础上,考察审计师行业专长对审计定价的影响。

1.2 研究目的与研究意义

1.2.1 研究目的

行业专长审计师能否提高审计质量不仅是一个重要的理论热门问题,也受到监管部门和实务界的高度关注,对这个问题的回答关系着事务所按行业重组其审计服务生产线的必要性。同时,进一步考察审计师行业专长效应是体现在全国(总所)、区域(分所)层面,抑或是审计师个人(执业注册会计师)层面,则关系到全国(总所)、区域(分所)层面的行业专长声誉、知识或技能能否通过总所-分所之间、分所-审计师个人的网络传递到区域(分所)、审计师个人(执业注册会计师)层面。在中国特定的制度背景下,对这个问题的深入研究,为解决会计师事务所是否应按行业组织生产线以及在那个层次上(全国、区域、个人)培养专长提供了经验证据。

此外,通过对审计师声誉、行业专长在审计定价中发挥作用的研究,可为本土事务所实施"做精做专、做大做强"战略,形成品牌声誉,发展行业专长提供经验证据;通过对控制权性质、行业专长在审计定价中发挥作用的研究,可以为会计师事务所是否需要在业务承接、审计计划及风险评估与风险应对时,考虑控制权性质对审计风险的影响,进而调整审计定价提供经验证据。

1.2.2 研究意义

(1) 理论价值

主流国际学术界对审计师行业专长的研究已经从总所专长扩展到了分所专长的层面,但局限于美国的审计报告签字制度,外部研究人员通常无法取得签字审计师的信息,也就无法把行业专长的研究拓展到审计师个人层面。虽然也有一些学者利用西班牙、台湾、香港等国家或地区的数据,研究审计师个人层面行业专长的经济后果,但总体上并不主流。我国学术界对审计师行业专长的研究则主要处于全国(总所)的层次,这与我国特定的审计市场结构、事务所组织形式、监管模式等制度背景有关。本文把我国审计师行业专长的研究拓展到区域(分所)层面,研究审计师全国(总所)、区域(分所)的行业专长是否能够提高审计质量、审计定价,意味着考察全国(总所)的行业专门设施投资(如专用设备投资、特定行业信息化软件等)、积累的行业专长知识与技能等能不能通过总所-分所之间的网络传递到分所层次,填补了国内该领域研究的空白,丰富了审计师行业专长研究文献。

有研究指出从全球平均来看大约有2.68%的上市公司的控股股东或董事会成员有政治背景,这一比例在美国更是低于0.2%,这使得西方主流学术界不关注(或无法)从公司控制权性质的视角对审计师行业专长与审计定价的关系展开研究。而中国绝大多数上市公司股权高度集中,政府或家族通常在公司中具有绝对控制权,有研究指出按市值规模比重的标准,中国的上市公司中国有控股的比重超过了60%,显然就控制权性质而言这与西方发达国家的情况大相径庭。本文选取控制权性质作为调节变量,研究审计师行业专长与审计定价的关系,填补了该领域国内外研究的一个空白,丰富了行业专长溢价研究的文献。

(2) 实践意义

本研究的实践意义有三点:

第一,有助于促进本土事务所按照行业专长重组生产线。按行业重组会计师事务所,这与世界范围内职业审计准则对理解客户的行业和业务的重要性的强调相一致,各国的审计准则也都强调了识别、设计、发展审计师行业专长的重要性。理论界和监管部门也都很强调会计师事务所行业专门化的作用和优势,也有国际大所实施行业专门化的成功经验,但在我国实务界,是否进行组织结构的行业专门化改造,按行业整合资源,仍然取决于客户是否有对高质量审计的需求以及事务所基于成本收益的考虑,较长时期内这将是事务所需要权衡的难题,而本研究有助于推动这一问题的解决。

第二,有助于引导本土会计师事务所在塑造品牌(声誉)的基础上,积极实施"做精做专、做大做强"战略,发展行业专长,形成具有本土特色的核心竞争力。推动会计师事务所从其品牌、声誉入手,在此基础上发展行业专长,形成行业专精,营造局部竞争优势,最终实现"大所有声誉、小所有专精、声誉专长相互渗透"的良性市场结构。

第三,有助于引导审计师在审计定价决策中考虑与控制权性质相关的风险以及有针对地发展行业专长。鉴于中国国有控股企业在国民经济中的重要地位,考察控制权性质、审计师行业专长对审计定价的影响就显得有很强的现实意义。控制权性质不同的客户其管理层的行为动机与激励不同、治理机制不同、审计风险不同,因此,会计师事务所的客户接受与保持程序、重大错报风险评估程序、具体审计计划与策略会因为客户的控制权性质而存在一定差异,按照客户控制权重组生产线可以使得同类审计客户因采用标准的项目组人员安排、审计流程等产生规模化效益,降低审计成本。

1.3 研究内容与框架

1.3.1 研究内容

第一部分为导论以及关于审计师行业专长和审计质量的文献回顾,包括第1、2、3章。

其中:第1章为导论,首先,在介绍了研究背景的基础上,提出了拟研究的问题;其次,阐述了研究目的与研究意义;然后,概述了研究内容与框架、研究方法;最后,介绍了研究特色与可能的创新点。

第2章为审计师行业专长研究:理论基础与文献综述,首先,论述了审计师行业专门化的理论基础,包括波特的竞争优势理论、"干中学"理论、分工理论,以及行业专门化的经济后果;其次,列举了近十年来国内外经典文献中度量审计师行业专长的方法和对行业专长审计师认定的差异;然后,综述了文献中行业专长的度量方法与度量基础、行业专长审计师的认定方法与认定层次;最后,从总体上对审计师行业专长研究的文献进行了评述与总结。

第3章为审计质量度量与实证模型构建,主要介绍了审计质量的含义、产出视角的审计质量度量、审计师提高审计质量的动机与能力、相关审计质量度量指标在文献中的应用、审计质量的经验框架与实证检验模型以及结论。

第二部分为三个实证检验,包括第4、5、6章。

其中:第4章为行业专长审计师与审计质量关系的实证检验。本章主要利用审计质量的三个代理变量,从全国(总所)、区域(分所)的层面上检验了行业专长审计师能否提高审计质量的问题。首先,在引言部分介绍了研究背景并提出研究问题。其次,在文献综述与研究假设部分,分别从行业专长审计师与审计质量、行业专长审计师与盈余质量、行业专长审计师与非标准审计意见报告三个方面综述了相关领域的文献,并进一步结合理论分析,提出了涉及行业专长审计师能否提高审计质量的三个假设。再次,对行业专长审计师的界定进行了详细阐述,包括样本选择、审计师行业专长的度量方法、度量层次、度量基础以及行业专长审计师的界定、行业专长审计师的描述性统计量。接着,第4.4、4.5、4.6节为本章的实证部分,按照研究设计、实证结果、稳健性检验的逻辑结构,分别以操控性应计模型、达到或超过盈余门槛模型、非标准审计意见报告模型为基础对行业专长审计师能否提高审计质量进行了实证检验。具体来说,本部分首先利用2007~2015年沪深A股上市公司数据,分别以审计收费、总资产平方根、销售收入为基础,从全国(总所)、区域(分所)两个层面计算审计师的行业市场份额,并进一步采用行业领导者法和行业领先法两种方法认定行业专长审计师。其次,采用修正Jones模型(Modified Jones Model)、业绩调整的修正Jones模型(Performance~adjusted Modified Jones Model)、DD模型、McNichols模型,分年度分行业回归得到操控性应计(Discretionary accruals,DAC)。然后,进行操控性应计模型检验、达到或超过盈余门槛模型检验、非标准审计意见报告模型检验,总体上看,经验证据支持行业专长审计师提高了审计质量的假设,进一步的证据表明,区域(分所)行业专长审计师能通过有效抑制盈余管理、小额正盈余操控以及出具非标准审计意见报告提高审计质量,而全国(总所)行业专长的影响则不显著,同时发现微弱证据支持全国(总所)、区域(分所)行业专长之间的互补作用。最后,分别就模型的内生性、替代变量、调节变量进行了讨论。

第5章为审计师声誉、行业专长与审计定价关系的实证检验。本章利用2012~2014年我国沪深两市上市公司的审计收费及相关财务指标的面板数据,实证考察了审计师声誉、行业专长对审计定价的影响。研究结果表明,审计师声誉、行业专长均与审计收费正相关,国际四大审计师及认定的行业专长审计师均能依赖其声誉、专长取得利益。具体来说,四大审计师能够获得的平均声誉溢价大约为89.89%,按市场份额及客户数量认定的行业专长审计师能够获得的平均专长溢价分别为10.08%、4.7%,虽然两种方法得出的溢价比率有一定差异,但都在1%的显著性水平下显著,证明了专长溢价的存在;进一步的分组研究显示,在国际四大审计师中行业专长的作用不显著,而非国际四大审计师中行业专长的作用显著,按两种方法得出的专长溢价分别为8.87%、2.4%,表明国内所之间的竞争中,行业专长是体现竞争力的一个重要因素。本章结论对引导会计师事务所实施"做精做专、做大做强"战略,形成品牌声誉,发展行业专长,提升核心竞争力有重要意义。

第6章为控制权性质、审计师行业专长与审计定价关系的实证检验。本章探讨了控制权性质对审计师行业专长与审计质量调节效应的实证检验。这是本文另外一个主体实证部分。主要以审计收费作为审计质量的代理变量,检验控制权性质对审计师行业专长溢价的影响,也就是其对行业专长审计师与审计质量关系的调节作用。该部分基于选取的审计收费管制解除后2012~2014年中国上市公司的面板数据,考察了控制权性质、审计师行业专长与审计定价的关系。研究结果表明:终极控制人为国有控股的上市公司比非国有控股的上市公司支付了相对较低的审计费用,行业专长审计师比非行业专长审计师收取了相对较高的审计费用,支持了审计定价中存在风险溢价和行业专长溢价的观点。进一步的分组研究发现,在国有控股的上市公司中按市场份额衡量的审计师行业专长与审计收费显著正相关,按客户数量衡量的审计师行业专长与审计收费微弱正相关;而在非国有控股的上市公司中两种方法衡量的审计师行业专长均与审计收费显著正相关,这在一定程度上表明结果较稳健。该结论对引导审计师在审计定价决策中考虑与控制权性质相关的风险以及有针对地发展行业专长有重要意义。

第三部分为研究结论与政策建议,对应第7章。

本部分首先阐述了本文的研究结论;其次,从推动事务所"做精做专、做大做强"、品牌化建设以及按行业重组生产线、推动修订行业监管的法律法规等四个方面提出了政策建议;然后,从四个方面提示了本研究的局限性;最后,进一步就未来研究应关注的问题进行了讨论。

1.3.2 研究框架

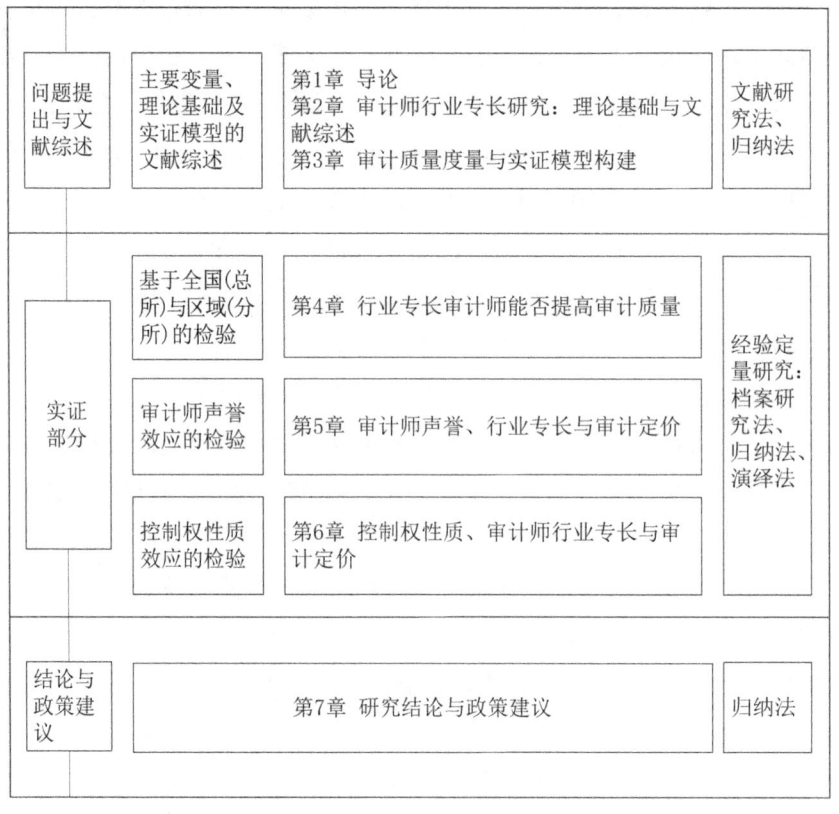

图1.1 本文研究框架

1.4 研究方法

本文在研究中采用多种研究方法,主要包括规范式定性研究、实证式定量研究,并辅之以调查研究、归纳法、演绎法、文献研究的元分析法等,并在许多方面创新性地将这些方法应用到审计师行业专长与审计质量的研究之中。除此之外,还灵活、广泛地采取文字论述与图表解析、数据对比相结合的分析方法,以弥补文字论述在某些时候可能带来的烦琐、模糊。

1.4.1 文献研究

充分利用 CNKI、万方、维普等中文期刊图书资源,Pro Quest ABI/INFORM、EBSCO BSC、JSTOR 等外文期刊数据库;数据则利用国泰安 CSMAR、WIND(万得)金融证券数据库、RESSET(锐思)金融研究数据库;此外,查阅了大量与审计师行业专长、审计质量、审计定价等相关的法律法规、部门规章,并进行整理、归类、总结。

1.4.2 规范式定性研究

构念主义认识论认为被人们看作客观知识和真理的东西不过是视角的产物,知识不是从已有事实中发掘或观察出来的,而是由积极参与的人作为发明而构造出来的。本文采用这种认识论基础的规范式定性研究方法,这种方法更强调过程和意义,而不是量、强度和频率等的度量。具体来说,在文献综述、理论基础及假设提出部分,主要采用了规范式的定性研究方法和文献研究的元分析法。第 2 章、第 3 章主要采用归纳法和文献研究的元分析法,对审计师行业专长和审计质量两个领域的国内外重要文献进行了全面的归纳、总结,并在此基础上进行了进一步的文献分析,从度量方法、度量基础的多个维度、多个视角以列表的形式展现了该领域的文献研究现状。第 4 章、第 5 章、第 6 章中的假设提出部分则主要采用演绎的方法,在介绍审计师行业专长理论的基础上,通过逻辑推理演绎出本文的研究假设。

1.4.3 实证式定量研究

当前社会科学领域大多数研究的认识论基础都是逻辑实证主义,这种思想范式认为人类社会的一切知识要么来源于直接观察,要么来源于基于直接观察结果的逻辑推断。本文的实证部分采用了这种思想范式的一种具体形式,基于观测数据的档案研究方法,主要包括理论基础、文献综述和研究假设;

研究设计(包括样本选择与数据来源、变量界定、模型设定);实证结果(包括变量的描述性统计量、变量的相关性分析、单变量检验、多元回归分析);稳健性检验(包括变换变量测量方法、变量替换、增加控制变量、样本分组检验);进一步讨论(包括内生性讨论、替代变量讨论、调节变量讨论);结论等。主体上采用了基于面板数据的固定效应回归方法,进一步结合普通最小二乘回归、基于面板数据的混合回归、离散选择模型的逻辑回归、分组检验等方法,并在多元回归中使用异方差-序列相关稳健标准误、聚类稳健标准误使结果更加稳健。

1.4.4 实地访谈

有针对性地选择部分会计师事务所、执业审计师进行访谈,详细了解行业现状。就目前审计师(个人或事务所)是否存在行业专长、审计质量的度量指标、审计收费的决定因素等问题实地访谈会计师事务所管理层和执业合伙人,分别采用结构化访谈和非结构化访谈的方式了解审计师行业专长及其导致的经济后果。

1.5 研究特色与可能的创新点

本文的研究特色与可能的创新点在于:

(1) 把审计师行业专长与审计质量关系的研究由全国(总所)层面拓展到了区域(分所)层面。此前的国内文献主要在全国(总所)层面研究审计师行业专长的经济后果,西方主流文献虽然深入到了区域(分所)层面,但其在经济发展水平、审计师法律责任、资本市场结构与条件、政府监管与处罚机制等诸多方面,与我国有很大不同,其结论的外部效度如何存在疑问。因此,本文结合我国特定的经济、法律、政治等宏观因素以及会计师事务所行业专长发展的现实情况等特定制度背景展开研究,利用中国证券审计市场 2005~2016 年的数据计算操控性应计,最终形成 2007~2015 年度沪深 A 股上市公司的分析数据，全面涵盖我国2007年推行新会计准则①以来至今最新可得数据。此外，除了采用审计收费基础的行业专长计量外，还采用了总资产平方根、销售收入基础，进一步丰富了已有行业专长度量领域的研究文献。

（2）采用文献中用到的四种操控性应计估计模型以及三种审计质量模型检验了审计师行业专长与审计质量的关系，在统一的框架下，系统、全面地回答了在我国的制度背景下，行业专长审计师能否提高审计质量的问题。

（3）在控制审计师声誉、事务所规模的基础上，检验审计师行业专长溢价，丰富了审计定价文献。国际主流学术界在研究审计定价影响因素时，往往会把事务所分为国际 N 大和非国际 N 大，由于国际 N 大同时集声誉、规模于一身，所以不会同时控制事务所规模和声誉。但我国自2012年以后出现了不具有国际声誉的内资所的规模超过了国际 N 大的情况，因此，使得我们可以在同时控制声誉、规模，以分离出声誉溢价，并进一步考察行业专长溢价。

（4）结合我国上市公司控制权高度集中，且国有控股企业占很大比重的特殊国情，在研究审计师行业专长对审计定价的影响时，重点考虑了控制权性质的调节作用，丰富了审计师行业专长溢价研究的文献。控制权性质不同的客户其管理层的行为动机与激励不同，如薪酬方案、晋升机制等；治理机制不同，如监督机制、契约约束、收购兼并和破产机制、董事会与监事会等；审计风险不同，如国有控股企业一般规模较大、存在政治关联、有政府担保，即便在竞争激烈的行业，其退出风险也较低。会计师事务所的客户接受与保持程序、重大错报风险评估程序、具体审计计划与策略会因为客户的控制权性质而存在一定差异。因此，利用我国资本市场的数据讨论控制权性质对行业专长审计师审计收费的影响有重要的创新意义。

---

① 2006 年 2 月 15 日，财政部令第 33 号发布新《企业会计准则》，包括 1 项基本准则和 38 项具体准则，于 2007 年 1 月 1 日起实施。新准则体系与《国际财务报告准则》（IFRS）全面趋同，基本实现了我国会计准则的国际化，在会计史上具有里程碑式的意义。

第 2 章
审计师行业专长研究:理论基础与文献综述

审计师行业专长研究是审计领域热门问题之一,近年来涌现了大量经验(档案)研究文献,但除夏立军(2004)、陈丽红和张龙平(2010)之外,国内未有较全面的综述性文献回顾和评价该领域的前沿研究。本章首先阐述了审计师行业专门化的动因与后果,然后综述了文献中广泛应用的审计师行业专长的度量方法、度量基础以及行业专长审计师的认定方法、认定层次,最后进一步展望了未来研究应关注的重点、难点问题。在深度和广度上拓展了先前研究,有助于国内审计师行业专长研究者迅速了解本领域研究现状,把握未来研究方向。

2.1 引　言

近30年来,国内外有大量的文献研究了审计师[①]发展行业专长的动因与经济后果,并衍生出了各种审计师行业专长的度量方法、度量基础以及不同的行业专长审计师的认定方法、认定层次。然而,较少有综述类文献对审计师行业专长相关研究进行总结和评价,就国外文献来看,Gramling 等(2001)采用结构经济学的产业组织框架对审计师行业专长的经验(档案)研究进行了回顾和评价;就国内文献来看,夏立军(2004)回顾和总结了国外审计师行业专长与

[①] 若无特别指明,本文中的审计师为泛指,包括会计师事务所总所、分所及注册会计师,在仅指个人层面时,会使用审计师个人、执业合伙人等。

审计市场关系研究的文献,重点综述了专长度量以及审计师行业专长与审计师行为、审计收费、审计质量,并进一步结合国内两个审计失败案例阐述了国内审计师行业专长的发展与研究现状;陈丽红和张龙平(2010)也对事务所专门化①问题进行了述评与展望,主要综述了专门化的衡量、影响专门化程度的行业特征、专门化的经济后果,并在展望未来研究的基础上提出了通过行业专门化实现"做大做强"的政策建议。借鉴这些文献的研究思路,本文主要综述2007~2017年国内外权威期刊文献②,并将综述内容限定在审计师行业专长的度量方法与度量基础、行业专长审计师的认定方法与认定层次上,力求涵盖国内外最新的研究成果,在深度和广度上较以前研究有所突破。

审计师的行业专长水平无法直接观测,因此,经验研究者不得不采用间接的替代变量衡量专长水平。文献中常用的识别审计师行业专长的方法有:行业市场份额为基础的方法(Industry Market Share, IMS)、行业组合份额③为基础的方法(Industry Portfolio Share, IPS)、加权市场份额法的方法(Weighted Market Share, WMS)。更进一步地,计算市场份额和组合份额时常用的审计费用指标并不总是能够从公开渠道获得,因此,研究者有时也采用审计费用的替代指标计算份额,如客户规模、客户数量等。特别是,早期的审计师行业专长研究常常使用客户总资产、客户销售收入以及客户数量等指标计算专长水平(在审计费用广泛披露之前),近期的一些特殊的跨国样本及长时间序列数据的研究中,也仍然采用客户规模基础的行业专长(Carson, 2009; Gul et al., 2009; Jaggi et al., 2012; Zerni, 2012)。

除了计算行业专长所用的指标和方法的不同以外,用来认定行业专长审计师的标准也不尽相同。比如,以市场份额为基础的研究者,有的定义特定行业内市场份额最大的审计师为行业专长审计师,有的定义市场份额前两名,有的定义市场份额最大且超过第二名一定份额(如10%、15%),均为相对基础度

---

① 这里的专门化,指会计师事务所行业专门化,是会计师事务所发展行业专长的一种手段。

② 外文期刊为:The Accounting Review (TAR), Journal of Accounting Research (JAR), Journal of Accounting and Economics (JAE), Review of Accounting Studies (RAST), Contemporary Accounting Research (CAR), Auditing: A Journal of Practice & Theory (AJPT), Accounting Horizons (AH);中文期刊为:会计研究、审计研究、中国会计评论、南开管理评论、财经研究(经济研究、管理世界、中国财务与会计中未见有此领域文献)。

③ 也即客户组合份额,是以审计师为基础的一种行业专长认定方法。

量;另外,有的定义在特定行业内市场份额超过某一特定门槛值的审计师为行业专长审计师(绝对基础度量),特定门槛值有主观确定的(譬如直接设定30%、20%),也有采用客观方法确定的(譬如行业内审计师数量的倒数再乘以一个权数,1/N * 1.2)。市场份额和组合份额计算指标的多样化,以及区分行业专长审计师与非行业专长审计师标准的多样化,导致不同文献经验研究结果之间的差异难以比较和解释,因此,也有专门文献探讨审计师行业专长不同计量方法得出的经验结果的信度和效度问题(Audousset-Coulier et al.,2016)。

2.2 理论基础

2.2.1 波特(Porter)的竞争优势理论

按照波特(1985)的观点,会计师事务所的目标应该是在提供审计服务满足客户需要的同时,发展出自己独特的优势以使自身区别于竞争对手,从而最大化自身利益。通过多种维度差异化自身与竞争对手,而不仅仅是价格,审计师可以通过创造机会满足客户的特定需要、赚取经济租金(Mayhew and Wilkins,2003)。在上市公司审计市场中,潜在的进入者和替代品不是关键问题,因为进入该行业需要严格的证券期货相关市场审计资格认定,而且监管部门赋予了注册会计师执行上市公司审计、出具审计报告的排他性权利。就供应商的议价能力来说,审计行业①也不存在明显的上游供应商市场。因此,就审计行业来说,主要的影响力量是审计客户的议价能力和来自其他会计师事务所的竞争,而发展行业专长正是一个重要的竞争战略。

按照波特的理论推断,审计师有动机提供满足客户需要且不容易被竞争对手模仿的特定服务。也就是说,审计师通过更好地匹配自己的服务与客户的需要,从而与竞争对手区别开来,利用专长赚取准租。根据不同的客户特征及相应的审计需求,差异化可以通过多个维度实现,比如品牌声誉、规模、分所数量、行业会员、审计师客户关系等。

---

① 仅指独立审计(也即民间审计、社会审计),不包括国家审计、内部审计,下同。

行业专门化是一个重要的维度,可以把审计师与特定的客户特征、服务需求联结起来,其价值在于它可以使得审计师把特定的差异化战略应用于具有相同基本特征的一个相对较大的客户群(Mayhew and Wilkins, 2003)。财务领域的文献指出"国际六大"①(现在是"国际四大")已经投入了相当的努力以建立客户所在行业的专长,例如,国际六大均宣布在过去十年已经按照行业重组了它们的生产线,以更好地服务客户(Berton, 1995)。审计领域的文献表明近二十年来在原有行业拥有专长的国际六大会计师事务所持续地扩大了其专长行业的市场份额(Hogan and Jeter, 1999),因此,可以认为行业市场份额反映了审计师按照客户行业发展专长的努力。

2.2.2 "干中学"理论

"干中学"(learning by doing)理论最早是由美国经济学家肯尼斯·阿罗提出的,主要是强调把实践中取得的经验、技能、知识内嵌于经济模型。该理论认为人类是通过学习而获取知识的,知识是技术进步、经济发展的源动力,而学习又是经验的不断总结、积累,经验的获取则来源于实践。

专长指相对于服务对象而言的主体拥有的"独到的学识和技艺、专业本领、特殊才能"。具体地说,主体的专长就是指其拥有的那些超越服务对象认知的经验、技术、能力、知识、心得、感悟、窍门等等,它往往存在于你的兴趣、爱好,与你正在从事的工作、你被专业训练过的地方有关。专长具有在深度上自上而下,在广度上从专长拥有者向客户传递的特点。长期在特定行业执业,接触大量同质客户,不断积累特定行业的经营环境、具体特点、运营方式以及该行业审计客户的经营情况的知识,使得执业注册会计师越来越熟悉该行业。进而可以较大地提高执行审计服务的熟练程度,节约审计时间,提高审计效率,降低审计失败的风险。

2.2.3 分工理论

行业专长来源于经济学上的分工思想。分工及专业化,实质上就是指一

---

① 国际大型会计师事务所的简称,各个时期略有差异,一般也用BigN指代。1989年以前为国际"八大",1989年国际"八大"合并为国际"六大",1997年进一步合并为国际"五大",2002年安然事件爆发,安达信会计师事务所被强制解散,国际"五大"变成国际"四大"。目前国际"四大",特指普华永道(PWC)、毕马威(KPMG)、德勤(DTT)和安永(EY)。

个经济行为主体趋向于只承担一种或较少几种经济活动,或在一种经济活动中只承担一种或较少几种操作的生产方式的深化过程。古典经济学家亚当·斯密在《国富论》中首先论述了劳动分工对经济发展的重要性。在现代机器化大生产的背景下,杨格提出了分工的思想,他认为劳动分工具有将复杂的大规模生产过程变成简单多步骤生产程序的作用。正是由于劳动分工现象的出现,使得劳动者可以在劳动过程中不断积累经验,在特定环节积累专业知识、专业技能,进而形成行业专长。20世纪90年代,以博兰(Borland)、贝克尔(Beeker)、杨小凯(Yang)以及黄有光等为主要代表的经济学家,在对分工及专业化理论的研究中加入了知识的因素,提出分工及专业化水平决定了专业知识累积的速度和人类获得技术知识的能力,分工及专业化与国民经济增长之间可以通过知识积累联系起来。有研究者指出,从经济学的视角看,会计师事务所的行业专门化只是分工及专业化概念下的某一方面,但是,会计师事务所还是能通过分工及专门化的经营模式表现出较高的效率。

2.3 审计师行业专长的经济后果

由于客户对专业审计服务的需求,使得行业专长审计师在专长行业的市场份额增加(Palmrose,1986;Craswell et al.,1995;Ferguson and Stokes,2002)。市场份额的增加为审计师带来了两个竞争优势:审计师执行审计的成本进一步降低,为客户提供的服务的价值进一步增加(Mayhew and Wilkins,2003)。波特(1985)指出能够利用成本优势和产品差异成功差异化的企业很少,但是不是不可能。

首先,审计成本的降低,可以归结为两个原因:①审计师个人积累了行业特定的知识和技能。会计师事务所总是委派特定审计师在特定行业执业,从而使得他们比较熟悉行业背景,能够熟练地识别和处理行业特定的审计议题。结果是,审计师能够更高效地执行审计业务,提高了事务所的运营效率,这与行为会计学方面的研究结论一致(Solomon et al.,1999;Taylor,2000;Owhoso et al.,2002)。②特定行业的人员培训成本可以在更大范围内分摊。所有参与同一行业审计工作的员工都需要得到基本的行业相关知识和技能的培训,更多的客户或标准工作时间,则意味着每个客户分摊的基本行业培训成本会更低(Mayhew and Wilkins,2003)。

其次,提供了差异化的审计服务。行业专长审计师往往能够为客户提供有价值的财务、内部审计、内部控制、信息化等方面的建议,为了理解这一点,必须把审计视为一个过程,而不仅仅只是提供一个标准化的审计报告。过程化的视角揭示了两个常常被忽视的因素:①审计本身需要客户和审计师的共同努力。客户在审计过程中需要付出的努力,会成为其为选择审计师而进行的成本效益分析中的成本,行业专长审计师可以降低这些成本,因为客户会被要求提供较少的行业特定实践、行业趋势、行业标准等行业背景信息。一项采用调查数据的研究指出行业专长是决定客户满意度的一个关键因素(Behn and Carcello,1997),从而支持了以上分析。②审计并不仅仅只是出具审计意见,同时也是参与生产符合审计准则的财务报告的过程。有证据显示,审计师对被审计单位最终的财务报告有重要影响(Kinney and Martin,1994;Nelson et al.,2002)。因此,可以合理推断与非行业专长审计师相比,行业专长审计师审计的财务报告会有正面的增量影响。实际上,大量的经验研究也证实了行业专长审计师确实提供了更高质量的审计(Kwon et al.,2007;Gul et al.,2009;Bills et al.,2015)。另外,有证据表明为了获得更高的分析师披露质量评级,客户会把行业专长审计师作为总体披露战略的一部分(Dunn and Mayhew,2004)。

总体来看,相关研究证实了与行业专长审计师相关的审计成本的降低、审计效率的提高、审计师和客户沟通成本的降低、客户披露质量的提高等,客户和审计师都能从聘用行业专长审计师中获益。以上的讨论显示客户选择行业专长审计师对其有很大好处。但是,随之而来的问题是,为什么不是所有客户都选择了行业专长审计师?

首先,发展行业专长并不是审计师唯一的差异化自身与竞争对手的方法,并不是每一个客户都会把专长视为最重要的考虑因素。例如,21世纪初期,在公共贸易类行业有专长的国际N大会计师事务所,审计了该行业85%的公众公司(Mayhew and Wilkins,2003)。另外一个例子是,规模较小的客户可能更愿意和一个拥有较小客户份额的事务所建立合作关系,而不是一个拥有行业专长的事务所。毕马威(KPMG)是公认的金融服务领域的专长事务所,然而,仍然有30%的银行(大多是中小规模)选择了较小的、并不具有行业专长的地方事务所(Fields et al.，2004)。

其次,竞争对手间信息转移的威胁也使得客户会避免与直接竞争对手共用行业专长审计师。例如,1989 年 Ernst & Whinney 和 Arthur Young 合并为 Ernst & Young(现安永会计师事务所),这导致了 Coca-Cola 和 Pepsi 暂时性地共用一家会计师事务所,随后 Pepsi 公司更换了一家新的事务所。

最后,其他因素的考虑。譬如,行业专长审计师一般存在专长溢价,某些公司可能出于成本收益的考虑,聘用非专长审计师;某些规模相对较小、业务简单、股权集中的公司,委托代理成本和信息不对称程度较低,可能基于自身的特征聘用非专长审计师;某些受到严格监管的行业或大型国有企业可能会出现由监管部门指定审计师的情况,企业无法自由选择。

2.4 审计师行业专长的度量与行业专长审计师的认定并不一致

尽管关于审计师行业专长的研究文献较多,但研究者对行业专长审计师的定义和计量标准却并没有一致看法。表 2.1 报告了 2007~2017 年主要外文会计期刊: The Accounting Review (TAR), Journal of Accounting Research (JAR), Journal of Accounting and Economics (JAE), Review of Accounting Studies (RAST), Contemporary Accounting Research (CAR), Auditing: A Journal of Practice & Theory (AJPT), Accounting Horizons (AH),刊出的有关审计收费、审计质量的研究中使用的行业专长的计量方法。表 2.2 报告了 2007~2017 年主要中文期刊:会计研究、审计研究、中国会计评论、南开管理评论、财经研究(经济研究、管理世界、中国财务与会计中未见有此领域文献),刊出的有关审计收费、审计质量的研究中使用的行业专长的计量方法。

表 2.1 主要外文会计期刊中行业专长的计量（2007~2017 年）

Article	Journal	Sample	Level	因变量					行业专长的计量（括号中为稳健性测试）				
				AF	DA	Other	Largest IMS	IMS Cutoff	Largest IPS	IPS Cutoff	WMS
Basioudis and Francis (2007)	AJPT	U.K. data 2002–2003	National/City	x			AF (NC, AT,SA, SQAT, SQSA)					
Huang et al. (2007)	AJPT	U.S. data (2000–2001 and 2003–2004)	National	x				AF				
Knechel et al. (2007)	AJPT	U.S. data 2000–2003	National			x		SA, NC (AF)	(SA)	(SA)		
Kwon et al. (2007)	AJPT	International data (28 countries) 1993–2003	Global/National		x	x	SA	SA	(SA)			(SA)
Behm et al. (2008)	TAR	U.S. data 1996–2001	National			x			SQAT, (SQSA, NC)			
Lim and Tan (2008)	JAR	U.S. data 2000–2001	National			x	SA	(SA)				
Payne (2008)	AJPT	U.S. data 1989–2005	National			x		SQAT	SQAT	SQAT		
Carson (2009)	TAR	International data (62 countries in 2000 and 60 countries in 2004)	Global/National		x		AT					
Chin and Chi (2009)	CAR	Taiwanese data 1990–2004	Partner/National				NC (SA)					

续表

Article	Journal	Sample	Level	因变量			行业专长的计量（括号中为稳健性测试）				
				AF	DA	Other	Largest IMS	IMS Cutoff	Largest IPS	IPS Cutoff	WMS
Gul et al. (2009)	JAE	U.S. data 1993–2004	National				AT				
Lim and Tan (2010)	CAR	U.S. data 2000–2005	National (City)					AF			
Reichelt and Wang (2010)	JAR	U.S. data 2003–2007	National/City	x		(x)	AF	AF			
Bruynseels et al. (2011)	AJPT	U.S. data (SIC 20–39, bankruptcy) 1998–2001	National			x		SQSA (AT)			
Cahan et al. (2011)	AJPT	U.S. data 2003–2007	National	x			(AF)	AF			
Chi and Chin (2011)	AJPT	Taiwanese data 1983–2004	Partner/National		x	x	SA		(SA)		
Fung et al. (2012)	TAR	U.S. data 2000–2007	City	x			AF				
Numan and Willekens (2012)	JAE	U.S. data 2005–2006	City (National)	x			(AF)	(AF)	AF		
Zerni (2012)	CAR	Swedish data 2003–2007	Partner	x			AF	AF			
Minutti-Meza (2013)	JAR	U.S. data 2000–2008	National/City	x	x	x	AF	(AT)	(AT)		
Goodwin and Wu (2014)	RAST	Australian data 2003–2010 (24 GICS)	Partner/City/National	x			AF	AF			
Fei (2014)	AH	U.S. data (S&P 1500) 2000–2008	National/City		x		AF	AF			

第 2 章　审计师行业专长研究：理论基础与文献综述 | 23

续表

Article	Journal	Sample	Level	因变量			行业专长的计量（括号中为稳健性测试）				
				AF	DA	Other	Largest IMS	IMS Cutoff	Largest IPS	IPS Cutoff	WMS
Robin and Hao (2015)	AJPT	U.S. data 1990–2009	National			x		SA			
Bills et al. (2015)	TAR	U.S. data 2004–2009	National/City	x				AF			
Su et al. (2016)	AJPT	U.S. data 2003–2012	National			x	AF/AT				
Yi and Wilson (2016)	AJPT	U.S. data 1989–2010	National						SQAT	SQAT	SQAT
Audousset-Coulier et al. (2016)	AJPT	U.S. data 2000–2010	National		x		AF/AT/SA/ SQAT/ SQSA /NC	AF/AT/ SA/ SQAT/ SQSA /NC	AF/AT/ SA/ SQAT/ SQSA /NC	AF/AT/ SA/ SQAT/ SQSA /NC	AF/AT/ SA/ SQAT/ SQSA /NC
Chi et al. (2017)	RAST	Taiwanese data 1990–2001	Partner/ National		x	x	NC				

注：1. 主要外文会计期刊包括：The Accounting Review (TAR)，Journal of Accounting Research (JAR)，Journal of Accounting and Economics (JAE)，Review of Accounting Studies (RAST)，Contemporary Accounting Research (CAR)，Auditing: A Journal of Practice & Theory (AJPT)，Accounting Horizons (AH)；

2. Level 中 National 表示全国（总所）层面行业专长，City / Office 表示区域（分所）层面行业专长，Partner 表示项目合伙人（签字审计师个人）层面行业专长；

3. 因变量中 Other 指把行业专长作为解释变量的英文文献中常用的除审计收费、操控性应计之外的其他因变量，如累计异常盈余、盈余反应系数、持续经营审计意见、分析师预测准确度、财务报表重述；

4. AF 为审计费用，DA 为操控性应计，IPS 为行业组合份额，IMS 为行业市场份额，WMS 为加权平均市场份额；

5. AT 为总资产，SA 为销售收入，SQAT 为总资产的平方根，SQSA 为销售收入的平方根，NC 为客户数。

表 2.2 主要中文期刊中行业专长的计量（2007~2017 年）

Article	Journal	Sample	Level	因变量				行业专长的计量（括号中为稳健性测试）				
				AF	DA	Other	Largest IMS	IMS	Largest IPS	IPS	WMS
蔡春、鲜文铎（2007）	会计研究	中国数据 2001–2004	National		x			SA		SA	
韩洪灵、陈汉文（2008）	会计研究	中国数据 2002–2004	National	x				AT			
曹强等（2008）	南开管理评论	中国数据 2004–2005	National			x		SA/NC (AT)			
曹强、葛晓舰（2009）	审计研究	中国数据 2003–2006	National			x		SA/NC			
刘文军等（2010）	审计研究	中国数据 2002–2008	National			x		AT/SA SQAT SQSA		AT/SA SQAT SQSA	
谢盛纹（2011）	审计研究	中国数据 2001–2008	National		x			SQAT			
龙振海、胡奕明（2011）	财经研究	中国数据 2003–2008	National		x			AT/SA			
吴溪、张俊生（2012）	会计研究	中国数据 2001–2010	National		x		AT				
原红旗、韩维芳（2012）	中国会计评论	中国数据 2002–2009	Partner		x			NC			
陈小林等（2013）	会计研究	中国数据 2001–2009	National			x		SQAT			
范经华等（2013）	会计研究	中国数据 2008–2009	National		x	x		SQAT			
陈胜蓝、马慧（2013）	审计研究	中国数据 2001–2011	City	x			NC/AF				
江轩宇、伊志宏（2013）	中国会计评论	中国数据 2003–2010	National			x		SA/NC		(SA/NC)	
李明辉、杨鑫（2014）	会计研究	中国数据 2008–2012	National			x	AT				
魏春燕（2014）	审计研究	中国数据 2008–2012	National			x			SA		

续表

Article	Journal	Sample	Level	因变量				行业专长的计量（括号中为稳健性测试）			
				AF	DA	Other	Largest IMS	IMS	Largest IPS	IPS	WMS
刘文军（2014）	财经研究	中国数据 2008—2011	National	x					AT		
陈胜蓝、马慧（2015）	会计研究	中国数据 2001—2011	City	x			AF				
郝东洋、王静（2015）	财经研究	中国数据 2007—2013				x	SQAT	SQAT			
梅丹、高强（2016）	审计研究	中国数据 2008—2013	National	x		x		AT（SA）		AT（SA）	AT（SA）
宋常等（2016）	审计研究	中国数据 2001—2014	National			x		SA(SQAT)			
王守海等（2017）	审计研究	中国数据 2008—2015	National	x			AF				

注：1. 主要中文期刊包括：会计研究、审计研究、中国会计评论、南开管理评论、财经研究（经济研究、管理世界、中国财务与会计研究中未见有此领域文献）；
2. 因变量中 Other 指把行业专长作为解释变量的英文文献中常用的除审计收费、操控性应计之外的其他因变量，如累计异常盈余、盈余反应系数、持续经营审计意见、分析师预测准确度、财务报表重述；
3. AF 为审计费用，DA 为操控性应计，Other 为其他变量；
4. Largest IMS 为行业市场份额最大，IMS 为行业市场份额（连续变量、门槛变量），Largest IPS 为行业组合份额最大，IPS 为行业组合份额（连续变量、门槛变量），WMS 为加权平均市场份额；
5. AT 为总资产，SA 为销售收入，SQAT 为总资产的平方根，SQSA 为销售收入的平方根，NC 为客户数。

2.5 行业专长的度量方法与度量基础

2.5.1 度量方法

(1) 行业市场份额法

研究者们最初是在审计市场结构的研究中应用到行业市场份额的概念，Zeff 和 Fossum(1967)最早利用美国 38 个行业 526 家公司的横截面数据计算了会计师事务所的行业市场份额，概括了美国审计市场的行业结构。随后的文献多沿用了该法计算审计师行业市场份额，具体做法上则略有差异。这种方法的计算公式为：

$$\mathrm{IMS}_{ik} = \frac{\sum_{j=1}^{J_{ik}} \mathrm{AF}_{ijk}}{\sum_{i=1}^{I_k} \sum_{j=1}^{J_{ik}} \mathrm{AF}_{ijk}} \quad (2.1)$$

其中：i 指审计师(会计师事务所、项目合伙人)；

j 指客户；

k 指客户所在行业；

I_k 指 k 行业中审计师的数量；

J_{ik} 指审计师 i 在 k 行业的审计客户数量；

AF_{ijk} 指审计师 i 对 k 行业审计客户 j 的审计收费(早期研究多采用客户总资产、客户销售收入、客户数量，以及客户总资产、客户销售收入的平方根，审计收费信息强制披露之后，则主要使用审计收费指标)；

IMS_{ik} 指在 k 行业审计师 i 所占的市场份额。

Palmrose(1986)认为行业专长审计师应该是一个行业中最大的供应商，也就是市场领导者；有时也包括第二大或第三大供应商，如果前几大供应商差距较小且与第三或其后的供应商差距较大，也就是市场领先者，随后的文献大多沿袭了这种定义。按照这个界定，在一个行业内，拥有最大市场份额的审计师被认为是行业专长审计师，这实际上也就是行业市场份额法。以行业市场份额法界定专长审计师的主要理由在于：会计师事务所通过在目标行业投入大量资源以发展行业专门知识、技能、软硬件设备而成为行业专家，并进而取得较大的市场份额。这使得它们能够通过在专长行业客户中分摊发展专长的成本,最终获得规模经济收益(Audousset-Coulier et al.,2016)。利用市场份额法认定行业专长审计师,也就是要求一个会计师事务所通过在特定行业所占的市场份额把自己与行业内其他相竞争的事务所区分开来(Neal and Riley,2004)。

行业市场份额的方法不考虑特定行业规模的大小,因此,在识别较小行业和较大行业中的专长审计师时会产生问题。在较小行业,可能因为行业本身规模较小,市场容量有限,而不值得任何会计师事务所在该行业发展专长,但总会有事务所被认定为行业专长事务所;在较大行业,可能因为行业规模较大而吸引较多事务所关注,在该行业投资以发展技术和专门知识,但总会有一些确实发展了行业专长的事务所无法被认定为行业专长事务所。

(2) 行业组合份额法

虽然文献中常用行业市场份额来衡量审计师行业专长,但有另外一种衡量会计师事务所市场战略的方法,也可以用来衡量审计师行业专长。这种方法把会计师事务所内业务份额最大的行业界定为其专长行业,也就是行业组合份额法,最早由 Yardley 等(1992)提出。随后,按照 Yardley 等的思路,Kwon(1996)将该方法应用于具体研究,提出了相应的计算公式,利用会计师事务所来自某行业的客户总资产(或销售收入)的平方根之和除以会计师事务所所有客户总资产(或销售收入)的平方根之和。随后的文献多沿用了 Yardley 等(1992)、Kwon(1996)的方法计算审计师行业组合份额,具体做法上则略有差异。

行业组合份额法强调会计师事务所自身及其市场战略(Gramling and Stone,2001),其合理性在于,一个会计师事务所最大行业组合份额的行业,通常也就是其最大的收入来源行业及投入资源最多的行业(Audousset-Coulier et al.,2016)。行业组合份额法关注的是特定会计师事务所提供的审计服务及相应的审计收费在不同行业之间的相对分布。这种方法的计算公式为:

$$IPS_{ik} = \frac{\sum_{j=1}^{J_{ik}} AF_{ijk}}{\sum_{k=1}^{K} \sum_{j=1}^{J_{ik}} AF_{ijk}} \quad (2.2)$$

其中:i 指审计师(会计师事务所、项目合伙人);

j 指客户；

k 指客户所在行业；

J_{ik} 指审计师 i 在 k 行业的审计客户数量；

AF_{ijk} 指审计师 i 对 k 行业审计客户 j 的审计收费(早期研究多采用客户总资产、客户销售收入、客户数量，以及客户总资产、客户销售收入的平方根，审计收费信息强制披露之后，则主要使用审计收费指标)；

IPS_{ik} 指审计师 i 的收入来自 k 行业的比例。

行业组合份额法一般是假定给特定审计师带来最大收入的行业正是其分配超出一般水平的资源和努力以发展专长的行业。然而，这种方法的一个重要缺陷是受行业规模的影响较大，不能准确识别出事务所大量投资拟以发展专长的行业。特别是规模较大的行业，可能会是大多数事务所主要收入来源的行业，导致该行业被过多事务所认定为专长行业，也即该行业会存在过多的行业专长审计师。因此，行业组合份额法在认定专长审计师时，存在规模较大的行业被过度认定、规模较小的行业认定不足的缺陷。

(3) 加权市场份额法

行业市场份额法和行业组合份额法为理解审计师行业专长提供了一个很好基础，但这两种方法得到的结果却并不总是一致(Hogan and Jeter, 1999)，甚至，有经验证据表明二者并不高度相关(Krishnan, 2001)，体现了二者关注视角的不同。行业市场份额法和行业组合份额法虽然视角不同，但各有其合理的一面，理论上来说应该是互补的，如果承认这一点，一个折中方法的产生也就顺理成章了。Neal 和 Riley (2004)合并了以往文献中的这两种方法，提出了一种新的思路，也就是加权市场份额法，以行业市场份额为基础，行业组合份额为权数，二者相乘得到。具体的计算公式为：

加权市场份额法 = 行业市场份额(IMS) × 行业组合份额(IPS)

这种方法的优点是克服了单独使用行业市场份额法或行业组合份额法的缺陷(Neal and Riley, 2004)。在市场规模较小的行业，如果用行业组合份额法认定，可能审计师在该行业不具备专长，但如果审计师在该行业发展了专门知识和技能并作为其一个市场战略，从而在该行业占有较大的市场份额，也应该可以被认定为行业专长审计师。同样，在市场规模较大的行业，审计师之间的竞争很激烈，会导致行业市场份额相对稍小的审计师被认定为不具备行业专长,但如果该行业在审计师行业组合份额中比重足够高,也应该可以被认定为行业专长审计师。

虽然从理论上来说,这种方法比较科学,但却仅被极少数研究者使用(Kwon et al., 2007; Payne, 2008)。究其原因,可能在于:①虽然二者单独使用都有缺陷,但含义却比较清晰;结合使用,虽然看似弥补了二者单独使用的缺陷,却失去了二者各自的含义,其大小没有实际意义,很难解释;②加权后得到的实际上并不是市场份额的概念,在确定行业专长审计师时,其门槛额很难确定,意义也不清晰;③利用加权市场份额法确定的行业专长审计师,往往既不同于行业市场份额法,也不同于行业组合份额法,会导致经验研究结论不一致。

(4) 三种方法的适用范围与评价

以上行业市场份额法(IMS)、行业组合份额法(IPS)和加权市场份额法(WMS)均是以市场份额为基础的方法,分别捕捉了行业专长的一个或几个方面,有各自的适用范围。根据以往文献的理论观点,行业市场份额法较适合捕捉审计质量的提高及相应的审计收费的增加,原因正如 De Angelo (1981) 认为的那样,规模较大的会计师事务所面临更大的声誉损失风险;而行业组合份额法则从另一个视角更加关注规模经济的方面,可以被解释为审计费用折价;加权市场份额法虽然理论上比较科学,但其实际意义很难解释,文献中也较少使用。因此,总体来看,在衡量行业专长时行业市场份额法是比较适宜的首选方法,其次是行业组合份额法,最后才是加权市场份额法。

2.5.2 度量基础

无论采用哪一种方法(行业市场份额、行业组合份额、加权市场份额)定义行业专长,都涉及计算市场份额的变量的选择问题,而这在以往文献中并不统一(见表 2.1、表 2.2)。Gramling 和 Stone (2001) 指出某会计师事务所在 K 行业的市场份额,应该是该事务所从 K 行业审计客户处取得的总审计收费除以所有事务所从 K 行业审计客户处取得的审计收费合计(也就是 K 行业所有审计客户支付的审计费用合计)。正如 DeFond 等(2000)强调的,以审计费用为基础度量市场份额,这与常常按照行业产出定义市场份额的产业经济学文献一致。然而,审计收费的信息并不总是能从公开市场获得,其中:最早的如澳大利亚、英国从1990年开始公开披露审计收费,美国则从2000年开始强制披露审计收费,中国从2001年颁布实施了上市公司审计收费信息强制披露,有些国家则从美国安然事件后开始强制披露审计收费,而有些国家至今尚未强制披露。

研究者经常使用的替代审计收费的变量有两类:客户规模(如客户总资产、客户销售收入等)、客户数量(Audousset-Coulier et al.,2016)。进一步地,行业专长审计师的确定可以按相对市场份额或绝对市场份额,按相对市场份额标准,则行业市场份额最大或第二大的审计师被定义为专长审计师,也就是市场领导者、市场领先者法;按绝对市场份额标准,譬如20%、30%(采用美国数据的文献常用)、10%(国内文献常用)的市场份额,超过这个份额的审计师被认定为行业专长审计师。

根据以往文献的理论观点,采用审计费用作为基础计算市场份额比采用客户总资产、客户销售收入更科学,审计收费能更好地反映审计师付出的努力(Audousset-Coulier et al.,2016)。因为,审计收费是审计客户总资产、销售收入的函数,包含了审计师面临的各种风险,而总资产、销售收入则仅仅是客户规模的计量,难以全面反映审计师付出的努力。

2.6 行业专长审计师的认定方法与认定层次

2.6.1 认定方法

以市场份额为基础的方法,可以把市场份额作为连续变量使用,代表审计师行业专长的程度;把其作为离散变量使用,则存在一个新的问题,如何确定一个合理的门槛,从而把审计师区分为行业专长审计师和非行业专长审计师两类。文献中提出的行业专长审计师的认定方法有三种,研究者一般会同时使用行业领导者法和行业领先法,如 Knechel 等(2007)、Lim 和 Tan(2008)、Reichelt 和 Wang(2010)、Zerni(2012)、Minutti-Meza(2013)、Audousset-Coulier 等(2016)。

(1)行业领导者法

该方法通常把行业市场份额、加权市场份额最大的审计师定义为行业专长审计师,把行业组合份额最大的行业界定为审计师的专长行业。

Zeff 和 Fossum（1967）最早在研究审计市场结构的文献中,提出了市场领导者为市场份额最大且与第二名的差距大于或等于 10%的审计师,这实际上就是行业领导者法。随后,一些研究采用了类似的定义方法,如 Rhode 等（1974）、DeFond 等（2000）、Ferguson 和 Stokes（2002）、Numan 和 Willekens（2012）。

（2）行业领先法

该方法通常把行业市场份额、加权市场份额前两名或前三名的审计师定义为行业专长审计师,把行业组合份额前两名或前三名的行业界定为审计师的专长行业。

Schiff 和 Fried（1976）提出行业专长审计师应该符合以下两个条件之一：比其他审计师的客户数量多 10%,或者在某行业按客户销售收入计算的市场份额大于等于 25%。Palmrose（1986）则把每个行业最大的服务供应商（指会计师事务所）认定为行业专长审计师;但如果第一名和第二名差距不大,而前两名与第三名及以后的审计师差距较大,则把前两名认定为行业专长审计师;如果前三名差距不大,而与第四名及以后的审计师差距较大,则把前三名认定为行业专长审计师。以此类推,这实际上就是行业领先法。

（3）自我宣称法

该方法依据会计师事务所是否在其网站上公开宣称（自称）其在某些行业拥有专长,从而认定行业专长审计师。Hogan 和 Jeter（1999）发现"国际六大"宣称的行业专长存在广泛的重叠,譬如,"国际六大"均宣称其在金融服务行业有专长,但并没有得到行业市场份额法与自我宣称的行业专长正相关的可靠证据。

自我宣称法（Self-Proclaimed Industry Specialization,SPIS）主观性很强,且无法区分宣称的行业专长是已经形成了,还是只是准备未来重点发展,拟形成专长的行业。因此,这种方法在研究中很少应用。

2.6.2 认定层次

Francis 等（1999）以城市（区域）市场为基础重新检验了"国际六大"的市场份额,Reynolds 和 Francis（2000）从分所层面考察了大客户对审计师审计报告决策的影响,此后,研究者把对审计师行为的研究从全国(总所)层次推进到了区域(分所)层次。导致这种转换的一个原因是研究者认为既然审计合约的签订和执行都是以分所为主体,那么财务报告的审计质量就会因分所的不同而不同(Goodwin and Wu, 2014)。把决策权下放给具有相关知识和技能的个人会提高效率,因为有关客户的专门知识是影响审计决策的一个重要因素,实际上,重要的决策常常是由最熟悉其客户的项目合伙人做出的。正因为如此,DeFond 和 Francis (2005)提出把分析的层次拓展到审计师个人层面将有助于更好地理解审计师行为。利用个人层面的数据,研究者发现审计产出在项目合伙人个人层面有很大不同,这暗示了审计师的个人动机和专长将不同于总所和分所层面(Zerni, 2012;Goodwin and Wu, 2014)。

早期的行业专长研究发现,除了声誉溢价之外,"国际 N 大"会计师事务所还能够在其专长行业获得行业专长溢价,相比非专长审计师,这些研究认为"国际 N 大"事务所之间通过塑造行业专家形象以彼此区分,通常在总所层面度量行业专长并且假设行业知识能够在总所与分所之间转移。Ferguson 等(2003)提出一个开创性的研究设计,以分所层面的行业市场份额界定行业专长,利用澳大利亚的数据发现只有当同时是总所和分所层面行业专长审计师时才会获得专长溢价,而当仅仅是总所层面的行业专长审计师时,不能获得专长溢价。这些证据表明,对行业专长的分析应该以分所为基础。虽然存在地区以及"国际 N 大"分权化程度的差异,来自美国市场的证据(Francis et al., 2005)、英国市场的证据(Basioudis and Francis, 2007)都支持分所层面的观点。

审计师行业专长究竟是一个总所层面的现象还是分所层面的现象,这个话题的核心在于专长知识的可传递性,也就是,会计师事务所能否有效地把分所行业专长知识通过事务所的网络传递给其他分所,以赚取总所层面的行业专长声誉溢价(Goodwin and Wu, 2014)。尽管总体上的证据不支持总所层面行业专长的观点,但是,分所层面的观点也暗含了一个假设,行业专长知识并不仅仅局限于特定的项目合伙人,进一步地,行业专长知识可以在分所内传递给非专长项目合伙人,当其在行业专长审计师已经发展了专长知识、建立了专长声誉的行业执业时。这种可转移性表明,分所能够在特定行业赚取专长溢价,即使专长审计师并未实际参与。

顺着总所-分所的分析逻辑,有学者将该领域研究进一步拓展到了审计师个人层面。Goodwin 和 Wu (2014) 利用澳大利亚的数据发现,总所或分所层面的行业专长对审计师赚取溢价来说,既不充分也不必要,相反,审计师个人层面的行业专长能够使得审计师赚取专长溢价。这个证据强调了一个事实,行业专长是一个审计师个体层面的现象,行业专长知识很少在项目合伙人之间转移。

2.7 小　　结

虽然理论界和监管部门都很强调会计师事务所行业专门化的作用和优势,但在实务界,是否进行组织结构的行业专门化改造,按行业整合资源,仍然是事务所需要权衡的难题。本章综述了 2007 年以来的审计师行业专长研究,首先阐述了审计师行业专门化的动因与后果,而后列示了国内外文献中审计师行业专长的度量与行业专长审计师的认定,并在此基础上进一步总结、评价了审计师行业专长的度量方法、度量基础以及行业专长审计师的认定方法、认定层次,以期对理论界和实务界有所启示。

根据国内行业专长研究的现状及与国外研究的差距,未来应重点关注的问题有:①结合我国特定的制度背景展开研究,在经济发展水平、审计师法律责任、资本市场结构与条件、政府监管与处罚机制等许多方面,我国与西方发达国家有很大不同,未来研究应尽量结合我国特定的经济、法律、政治等宏观因素以及会计师事务所行业专长发展的现实情况展开。②应注意采用多种不同的度量方法与度量基础检验实证结果的稳健性,国内研究采用的度量方法与度量基础往往较单一,造成研究结论的可靠性存疑,未来应考虑多方法组合研究。③应逐步深入到区域(分所)以及项目合伙人个人层面的行业专长研究,目前国内文献主要集中在事务所全国(总所)层面的行业专长[①],这个层面强调会计师事务所总分所网络间行业专长知识、技能、声誉的共享,而忽略了区域(分所)以及项目合伙人个人层面阻碍知识技能传播的个性特征,未来应逐步深入到审计师个人的性别、任期、从业经验、学历背景、校友网络等微观特征对审计师发展行业专长的影响。

---

① 这可能与区域(分所)、审计师个人层面数据的可获得性有关。

第3章
审计质量度量与实证模型构建

审计质量是审计师发展行业专长最重要的经济后果之一。在过去30年中,国内外理论界涌现了大量审计质量度量的经验研究文献,监管部门和会计师事务所也把审计质量视为审计职业的生命线,但国内却并没有系统的分析审计质量度量的综述文献。本章以国内外权威期刊文献为主,阐述审计质量的含义,总结、评价产出视角的审计质量度量以及审计师提高审计质量的动机与能力,最后提出审计质量的经验框架和实证检验模型。系统综述审计质量度量与实证检验,有助于国内理论界、实务界以及监管部门全面了解国内外审计质量度量研究的最新动向。

3.1 引 言

审计的价值在于其作为独立第三方,提供了资本市场会计信息可靠性的鉴证,从而有助于提高资源配置效率和缔约效率(DeFond and Zhang,2014)。商业交易和会计准则的日益复杂使得审计的鉴证价值日益提高,成为维护资本市场信心和投资者保护的重要制度安排。特别是2001年安然公司破产事件、2002年世界通信会计丑闻事件之后,美国颁布了"公众公司会计改革与投资者保护法案",成立了公众公司会计监管委员会,随后包括中国在内的世界各国都加强了对会计职业界的监管,审计质量逐渐成了理论界、监管层、实务界以及资本市场参与者关注的焦点。

在过去30年,审计质量一直是各类审计研究文献的中心议题,但对其概念性质和度量指标的理解却很不一致。其中,谭楚月和段宏(2014)通过对涉及审计质量的统计实证研究进行梳理,发现同一个问题用不同的替代变量会得到不同的结论,甚至用同一替代变量,不同的研究者也得出了不同的结论,因此,提出审计质量的实证研究不应该仅仅局限于统计分析方法上,而是可以借鉴案例研究法的技术路线;张宏亮和文挺(2016)利用2000~2014年沪深A股上市公司的数据,从有效性的角度检验了审计质量度量指标,提出用国内十大和Jones模型基础的操控性应计最有效,国际四大和审计收费的有效性存疑,会计稳健性和盈余反应系数则没有通过有效性检验;赵艳秉和张龙平(2017)则重新利用沪深A股数据检验了审计质量度量指标的适用性,发现国际四大、财务重述和非标准审计意见报告较适合度量审计质量,审计收费、国内十大和操控性应计则不适合作为审计质量的替代指标。这两篇最新的发表在专业领域权威期刊的审计质量度量指标的实证文献,就替代指标的有效性得出了不同的结论,甚至在国内十大和操控性应计是否适合替代审计质量也得出了完全相左的结论,因此,有必要就审计质量的度量和实证检验模型进行一个综述。

本章沿袭谭楚月等(2014)、张宏亮等(2016)、赵艳秉等(2017)的思路,从审计质量的概念界定开始,采用定性的方法综述产出视角的审计质量度量指标,分析审计师提高审计质量的动机和能力,总结、评价经典的审计质量经验框架和通用的实证检验模型。研究者对审计质量的定义大多基于DeAngelo(1981)提出的"发现并报告违规的联合概率"的思想,最新的研究则进一步把高审计质量定义为审计师提供的"对财务报表如实反映了企业基本经济情况"的更高保证(DeFond and Zhang, 2014)。产出视角的审计质量度量指标则可以分为四类:监管处罚基础、审计师基础、财务报告质量基础和市场感知基础,其中,监管处罚基础的指标,如财务报表重述(Financial Statement Restatements, FSR)、会计和审计强制公告(Accounting and Auditing Enforcement Releases, AAERs);审计师基础的指标,如持续经营审计意见、非标审计意见;财务报告质量基础的指标,如操控性应计模型(Discretionary Accruals Model, DAC)、达到或超过盈余目标(Meet or Beat Earnings Targets, MBET)、应计质量(Accruals Quality, ACCQ)、损失及时确认模型(Timely Loss Recognition, TLR);市场感知基础的指标,如盈余反应系数(Earnings Response

Coefficients，ERCs)、股票市场反映(Stock Market Reaction，SMR)、资本成本(Cost of Capital，CC)。已有文献对审计师提高审计质量的考虑主要包括审计师动机和能力两个角度，动机影响审计师提供审计质量高低的主观决策，而能力则是审计师提高审计质量的客观限制条件。除此之外，审计质量还受监管强度、市场条件、制度背景等外部环境的影响，这些内外部因素共同决定了审计师提供的审计质量。

3.2 审计质量的含义

大多数研究都把审计质量定义为"市场评估的审计师发现客户会计系统违规并报告该违规的联合概率"的变化(DeAngelo，1981)。这个定义激发了一大批审计研究者将审计视为一个二元过程，审计师的角色仅仅是降低发现和报告的对"非黑即白"的公认会计原则(GAAP)的违背(DeFond and Zhang，2014)。毫无疑问审计师有责任保证财务报表不包含重大错报，但是这个定义低估了提高审计质量的好处，不应该仅仅从公认会计原则违背的视角认定财务报告的质量。特别是，高质量的审计师不仅应该考虑客户会计政策选择、会计估计是否从技术上遵从了GAAP，还应该考虑财务报表是否忠实地反映了客户财务状况、经营成果和现金流量。监管部门也很关注审计质量问题，如国际审计与鉴证准则委员会(IAASB)提出了一个审计质量框架(IAASB，2013)，把焦点集中在审计流程上；美国财政部审计专业咨询委员会要求PCAOB制定审计质量的关键指标(UST，2008)，也就是后来发布的(PCAOB，2015；PCAOB，2013)。

把审计师责任拓展到保证财务报告质量的理念与公认审计准则(Generally Accepted Auditing Standards，GAAS)要求审计师评价财务报告质量是一致的(DeFond and Zhang，2014)。例如，美国审计准则第90号要求审计师判断"公司财务报告中应用的会计政策的质量，而不仅仅是可接受性"(Statement on Auditing Standards 90)；随后审计准则(AS第16号)增加了审计师"评价管理层关于关键会计政策与实践的判断"的责任(PCAOB，2012)。类似地，审计准则(AS第14号)也要求审计师"评价公司会计实践的实质属性，包括管理层判断中的潜在偏见"(PCAOB，2010)。这些准则表明审计师有责任在一定程度上保证财务报告的质量,而不只是机械地遵守会计准则。

高审计质量提供了高财务报表质量的更高保证,这意味着审计质量是一个连续的概念,而不仅仅是一个只能用审计意见表示的二元变量。审计质量指的是审计意见的质量(如保证),不是意见本身,审计意见的质量可以不同,高审计质量提供财务报表如实反映企业经济情况的更高保证。虽然高审计质量提供了财务报表质量的更高保证,但是另外两个重要因素(企业财务报告系统及其固有特征)也会影响财务报表质量(DeFond and Zhang,2014)。财务报告系统和固有特征影响财务报表反映企业经济状况的程度,也因此限制了可获得的财务报表质量的水平(Dechow et al.,2010)。例如,在其他条件相同时,拥有大量无形资产的企业的财务报表质量预期会低于拥有大量有形资产的企业(无形资产相对更难以确认和计量就是业务本身的固有特征),而无关审计质量的高低。一方面审计质量反映了审计与财务报表质量的密切关系,另一方面也要考虑财务报告系统和企业固有特征对财务报表质量的限制。因此,DeFond 等(2014)把高审计质量定义为审计师提供的"对财务报表如实反映企业基本经济情况"的更高保证。

审计质量的感知非常依赖感知主体,使用者、审计师、监管者和社会等所有财务报告流程中的利益相关者对审计质量的组成要素可能有不同的看法,只有对自身利益有影响的指标才会被决策个体用来评估审计质量。财务报告使用者可能认为没有重大错报的财务报表就意味着高审计质量;执行审计业务的审计师可能会将审计质量定义为高效地完成事务所审计业务规定的所有任务;事务所可能将能够经得起监管检查以及避免法律诉讼的审计工作定义为高质量;监管部门可能认为完全符合职业准则要求的审计是高质量的;而公众可能会把能够避免公司或市场经济问题的审计视为高质量;最终,不同的观点提出了不同的指标要求。在一定程度上所有这些个别角度的识别都是正确的,但是每一个都不完整。总之,对审计质量的理解取决于利益相关者的出发点,没有"一刀切"的审计质量定义。研究者在选择代理变量时必须仔细地识别要捕捉的是审计质量的那个方面,此外,还应该考虑使用多种输入、过程、结果指标度量审计质量。

3.3 审计质量度量:产出的视角

文献中常用的产出视角的审计质量度量指标有很多,如重大错报(报表重述、强制公告等)、审计师沟通(审计意见等)、财务报告质量特征(操控性应计、达到或超过盈余目标、应计质量、损失确认及时性等)、市场感知基础的度量(盈余反应系数、股票市场对特定审计事件的反应、资本成本等)。这些指标有一个共同特征,即都受企业固有特征和财务报告系统的约束。譬如,如果一个企业主要业务涉及的会计处理越简单,会计信息系统、内部控制越完善,则相比较而言,发生重大错报的概率就越低、财务报告质量就越高。因此,利用产出基础视角的指标度量审计质量时,研究者面对的一个重要问题是如何把审计质量与企业的固有特征、财务报告系统的质量区分开。

3.3.1 监管处罚基础的指标

文献中常用财务报表重述、会计和审计强制公告描述重大错报。财务报表重述指发现前期已发布财务报表存在错误或舞弊,更正后重新发布的行为,重述在很多研究情景中都有应用,如审计委员会特征(Archambeault et al.,2008;潘珺、余玉苗,2017)、非审计服务(Kinney et al.,2004)、审计师行业专长(Chin and Chi,2009)、与客户共享审计师(余玉苗等,2016)等对审计质量的影响。会计和审计强制公告是指美国证券交易委员会在联邦法院或行政程序中提起民事诉讼的强制措施。强制公告应用相对较少,可能因为其发生的概率很低,样本较小(Lennox and Pittman,2010),且大多数研究将分析限制在针对审计师的会计和审计强制公告以捕获会计舞弊。

重述和强制公告是非常直接和严格的审计质量度量指标,因为这表明审计师对含有重大错报的财务报表出具了无保留意见审计报告(DeFond and Zhang,2014)。这两个指标试图使用审计过程的产出计量实际的审计质量,而且通常是离散变量,因此,具有相对较高的一致性和较低的计量误差。重述和强制公告这两个指标的主要优点是提供了说服力很强的低审计质量的证据。因为其中的部分样本识别出了管理层舞弊的存在,表明审计师没有就"不存在舞弊导致的重大错报风险"取得合理保证,而这正是报表使用者和监管层等利益相关者赋予审计师的首要责任(中国注册会计师协会,2006;AICPA,2002)。

重述和强制公告这两个指标也有缺点:①没有重述和强制公告的样本不能被解释为具有高审计质量。这是因为通常低质量审计也能阻止由重述和强制公告标准衡量的重大错报,只是没有阻止不严重的错报、舞弊或盈余管理等行为,而且低质量审计导致的重大错报也可能只是未被发现。②重述和强制公告是小概率事件,这导致经验研究者的样本量较小,无法进行常规的回归分析或是统计效力不足。③要注意到审计师提供的是财务报表不存在重大错报的"合理保证",高质量审计也可能无法阻止精心策划的串通舞弊。因此,研究者要注意控制那些超出审计师控制能力的企业固有风险。

3.3.2 审计师基础的指标

审计意见通常是审计师与股东就审计过程及结果沟通的唯一方式。持续经营修正的审计意见表明审计师对企业能否持续经营有重大怀疑,屈从这种压力会降低独立性,进而降低审计质量。持续经营意见可以在多种情形下捕获审计质量,特别是检验感知到的威胁对审计质量的影响,如非审计服务、客户规模、审计师任期(吴伟荣、李晶晶,2018),也用来检验审计质量是否与诉讼风险(刘启亮等,2015)、"N大"分所(曾亚敏、张俊生,2014)、审计师个人经验(王晓珂等,2016)相关。

持续经营是一个审计质量的直接计量指标,因为表达审计意见是审计师的职责,直接受审计师影响和控制。如果一个企业应该报告持续经营问题而审计师没有报告,则表示审计师出具了错误的审计意见,是一个重大的审计失败和低质量审计的证据。持续经营审计意见试图基于审计过程的产出直接计量审计质量,通常是一个离散变量,因此,具有相对较高的一致性和较低的计量误差。

3.3.3 财务报告质量基础的指标

财务报告质量与审计质量的密切关联,使得其成为审计质量的一个看似合理的替代指标。然而财务报告质量是一个含义比较宽泛的概念,审计研究者主要使用反映企业机会主义盈余管理程度的盈余质量指标。这是基于高质量审计会限制企业机会主义盈余管理的假设。常用的计量方法包括操控性应计模型(张睿等,2018;齐鲁光、韩传模,2016)、达到或超过盈余目标、应计质量计量(潘珺、余玉苗,2017)、会计稳健性(闫焕民等,2017)、损失及时确认模型。

财务报告质量指标相比重述、持续经营意见较不直接,因为审计师对财务报告的影响相对有限。如操控性应计并不直接识别公认会计原则(GAAP)的违背,严格性也有限。同重述、持续经营意见一样,财务报告质量指标试图计量审计过程的实际产出,也即已审计财务报表。大多数财务报告质量指标是连续变量,与其实际要测量的概念缺乏一致性,并且有较高的计量误差。

财务报告质量指标度量有几个优点:①审计质量是财务报告质量的一个组成部分。这些指标的使用者的一个理论动机部分来自于观察,看起来财务报表确实是管理层和审计师的联合产品,所以,从概念上讲财务报告质量指标很适合计量审计质量。②财务报告质量指标可以用来侦测不违背准则的盈余操纵,比如小幅操纵以达到盈余目标。③财务报告质量指标都是连续型变量,这使得即使在相对受限的样本中也可以捕捉到审计质量的变化。其最大缺点则是计量误差较高甚至是偏误(Reichelt and Wang,2010;Gul et al.,2009;Ball et al.,2013)。

3.3.4 市场感知基础的指标

这类指标主要从市场感知角度度量审计质量,包括盈余反应系数(黄敬昌等,2017;陈宋生等,2014)、涉及审计相关事件的股票市场反应(王晓珂等,2016)、资本成本(郑登津、闫天一,2016)。盈余反应系数主要用来评估感知的威胁对审计质量的影响以及"N大"审计师是否提供了更高质量审计(Francis and Ke,2006;Teoh and Wong,1993);股票市场反应主要用来检验资本市场对审计变更以及非标审计意见的反应(Griffin and Lont,2010;Menon and Williams,2010);债务资本成本、权益资本成本可用来处理"N大"审计师是否提供了更高质量审计、感知的威胁是否损害了审计质量(Pittman and Fortin,2004;Mansi et al.,2004)。

也有少量研究从审计委员会感知和监管层感知的角度度量审计质量。例如,有研究者从审计市场份额的改变推断审计质量,因为这在一定程度上反映了审计委员会解聘审计师而导致的审计师市场份额的改变,可视为审计委员会感知的审计质量。PCAOB检查报告也可视为感知视角的度量指标,因为PCAOB报告直接、有效地反映了监管部门对审计质量的看法。这些指标主要用来检验特定事件,如审计失败,是否损害了审计师保持和承接客户的能力,能否收取审计费用溢价。最后,还有少量研究从代理投票中反映出来的股东看法(Raghunandan, 2003)、从审计保险溢价中反映出来的保险公司看法等角度度量审计质量(Casterella et al., 2009;2010)。

感知基础的度量指标相对其他产出视角的指标更为间接。特别是基于投资者反应的指标,因为与企业层面的因素、经济形势方面的因素相比,审计师与企业价值的关联较为微弱。这意味着如何控制相关的潜在遗漏变量对研究者来说至关重要。在测量方面,大多数感知基础的代理变量是连续的,其计量一致性和计量误差的程度差异较大。

感知基础的度量指标有几个优点:①相比实际产出基础的指标,它们能更广泛地捕捉审计质量;②它们是连续型标量,能够捕捉重大的审计失败,也能捕捉审计质量的相对轻微的变化;③投资者感知基础的指标能够捕捉与审计质量相关的净收益或成本;④审计师客户市场份额的变化可以被视为唯一的捕捉了审计委员会感知的审计质量指标。

3.3.5 未来研究展望

未来研究应该注意几个方面的问题:①不同角度度量指标的适用情景以及外部有效性,在选择指标时一定要谨慎考虑是否适合特定的制度背景及研究问题;②从概念的信度、效度等方面进一步改善审计质量的度量指标,分析不同指标的优缺点,厘清指标之间的区别与联系;③研究中可以使用不同角度、不同基础的指标进行实证分析,以增加模型、结论的稳健性。

3.4 审计师提高审计质量的动机与能力

3.4.1 动机:声誉与诉讼风险

审计质量的提高依赖于审计师的独立性和专业胜任能力(Watts and

Zimmerman,1978)。独立性要求来自审计师维护声誉和避免诉讼等市场因素的需要(Dye,1993);专业胜任能力则指审计师的专业知识、技能、职业怀疑态度等,以保证提供具有专业水准的服务。除此之外,对公众公司来说,监管部门会设定一个最低审计质量的门槛。监管介入对审计师提高审计质量的动机和能力都有影响,如审计师定期轮换制度、部分非审计服务的禁止等是为了提高审计师独立性,注册会计师执业资格授予制度是为了提高审计师专业胜任能力。

专业文献中常用"项目风险"描述审计师遭受损失与伤害的可能性,主要包括"与已审计财务报表关联的诉讼、负面宣传或其他不利事件"(AICPA,2006)。项目风险主要来自声誉风险、诉讼风险、监管风险(Knechel et al.,2007)。诉讼风险使审计师面临经济处罚,声誉风险则损害吸引和留住客户的能力,监管风险则使审计师面临来自监管部门制裁的威胁,如罚款、出具警示函、暂停承接新证券业务以及刑事处罚等。这些风险并不是独立的,如诉讼、监管处罚会损害审计师的声誉,而审计师遭受监管处罚后,也常会牵涉进一步的法律诉讼。

(1)声誉风险

声誉风险在两个方面与诉讼风险不同。一是,声誉成本损害的是一项资产(声誉资产、无形资产),而诉讼成本则导致一项负债(或有负债、预计负债)。因此,声誉风险有一个向上的趋势,审计师可以慢慢积累,而诉讼风险则只有向下的影响。二是,不像声誉风险,诉讼风险受到法制环境改变的直接影响,比如私人证券改革法案(Private Securities Litigation Reform Act)导致了法律体制的改变。

直观上看,声誉风险是审计师提供高审计质量的一个动机,但是直接的证据却很少。美国背景的证据不但较少而且不可避免地与高诉讼风险交织在一起(Nelson et al.,2008;Cahan et al.,2009;Cahan et al.,2011),基于其他国家背景的证据虽然较强(Weber et al.,2008;Skinner and Srinivasan,2012),但其结论很难推广到美国,外部有效性不足。进一步地,无论是美国还是其他国家的研究,都是基于声誉极端损失的稀有案例。因此,这类研究虽然提供了声誉损失与感知的审计质量相关的信息,但是却无法说明审计师会出于提高声誉的目的而提供高质量审计。

(2) 诉讼风险

由审计失败导致的诉讼索赔金额往往很大,足以威胁到甚至是国际四大等大型会计师事务所的生存,因此,预期诉讼风险会产生重大的激励效应。相应的,审计师也会采取一定的策略应对诉讼威胁,已有文献识别出来的应对策略主要有:①风险降低,通过增加额外的工作量提高审计质量(Simunic,1980);②风险承受,收取对应的风险溢价(Bell et al.,2008);③风险规避,通过客户保持与接收程序,拒绝承接或辞聘高风险客户(Johnstone and Bedard,2004);④风险减少,通过游说监管机构以减轻法律责任(Geiger and Raghunandan,2001)。策略①②可以归结为提高审计收费,因此,总体上这类文献可以归为三组:审计努力与收费、风险管理策略、游说活动。

审计师可以通过增加额外的努力降低重大错报风险,这会提高审计质量和审计收费(Morgan and Stocken,1998),也可以仅仅是提高审计收费忽略这些风险,如果客户有支付意愿。另外,增加审计努力也不能完全消除诉讼风险,因为即便审计师完全遵守审计准则也存在被诉的可能(AICPA,1983)。这意味着即便审计师通过增加额外努力降低风险,也还会收取风险溢价以覆盖"剩余风险"。综合上述分析可以发现,高诉讼风险往往与高审计收费关联,而原因可能是增加的额外努力、风险溢价,或者两者兼而有之(Simunic and Stein,1996;Smielliauskas,1996;Chant,1996)。

3.4.2 能力:行业专长、分所规模与审计过程

这里的能力指审计师提供高质量审计的专业胜任能力,包括学习、培训、技能、专长等。需要注意的是,审计师的能力并不独立于动机。较强的提高审计质量的动机会激发审计师发展专业胜任能力以更有效地执行审计工作,同样,胜任能力的提高有助于审计师建立高审计质量的声誉,进一步地会促使审计师产生保护已建立声誉的动机。

(1) 行业专长

行业专长研究调查了审计师内部各行业间的审计质量差异,从而拓展了审计师规模文献。当审计师意识到行业专长能够带来收益时,如高审计质量或规模经济带来的收费增加、市场份额增加,才会选择行业专门化的道路。行业专长审计师预期会带来较高的审计质量,因为其相比非行业专长审计师拥

有较多的行业业务的专门知识、技能和会计实践。这也就意味着专家拥有更高的传递高质量审计的专业胜任能力,另外,行业专家有更高的声誉资本以及避免声誉受损的担忧,这使得他们有更强的传递高审计质量的动机。由于不同的原因,行业专长可能产生于组织的各个层级。全球和全国层面(总所)的行业专长提供了更多的知识分享的机会,而城市层面(分所)的行业专长则体现在有效利用客户特定的知识和地方经济环境。审计师个人层面(项目合伙人,也即签字会计师)的行业专长则体现了不容易转移的知识、技能,以及更强的个人动机。

这类文献提供了几种方法检验行业专长审计师是否能带来高质量审计。一个方法是利用审计质量代理变量。大量的研究发现全国层面的专家与高质量审计关联,使用的代理变量有操控性应计、盈余反应系数、持续经营审计意见、达到或超过盈余门槛、披露质量以及分析师预测准确性等,但也有相对较少的研究支持城市层面(分所)的行业专长提供了较高的审计质量(Balsam et al.,2003;Behn et al.,2008;Payne,2008;Lim and Tan,2008;Reichelt and Wang,2010)。审计师个人层面的数据无法获得,但是台湾的数据发现审计师个人行业专长能够减少财务报表重述(Chin and Chi 2009)。

另一个方法是检验审计师行业专长是否与更高的审计收费相关联,某种程度上意味着专长是否能够得到客户的认可。该领域的文献众多但并没有得到一致结论,总体上看,大部分研究支持行业专长与审计费用是正相关关系,但是附加了较多限制条件。如费用溢价仅发生在大客户市场、仅存在几年、仅存在小客户样本中。另外,大多数研究者都意识到这方面的结论并不稳健,特别是对行业专长的计量和样本期间的依赖。

此外,还可以检验审计师转换的市场反应,发现转换为专长审计师(非专长审计师)的,市场反应为正(负),这与行业专长能够提高审计质量的感知一致(Knechel et al.,2007)。然而,最近的一项研究指出这些联系可以被解释为自选择的影响(Minutti-Meza,2013)。对自选择问题的关注是合理的,未来应该继续探索行业专长领域研究中的自选择问题。

(2)分所规模

除了行业专长,研究者检验了用分所特征捕获的审计师能力能否提高审计质量。常用的代理变量是 Big N 分所规模,以审计收费或客户总资产等计量。研究者认为Big N分所规模越大,则其提供的审计质量会更高,以操控性应计、持续经营意见、财务报表重述作为代理变量,得到了一些实证证据(Francis and Yu, 2009; Choi et al., 2010; 林永坚、王志强, 2013; 曾亚敏、张俊生, 2014)。这些文献暗示了分所规模和行业专长一起捕获了Big N内部审计质量的差异。有研究检验了审计质量的"传染效应",发现发生审计失败(以财务报表重述代理)的分所,其客户也有较高的操控性应计(DAC),这表明特定的分所存在系统和持续的审计质量问题(Francis et al., 2013)。

(3) 审计过程

有少数研究从审计过程输入的角度识别了影响审计质量的因素。直观上看,审计过程输入是胜任能力的直接计量,提供了审计质量的显著证据。这类研究发现荷兰的Big N审计师会通过更多地考虑审计环境和更少的审计程序的方法,在降低重要性水平的同时,调整审计时间配置(Blokdijk et al., 2003);重要性也显示出审计师对达到或超过盈余门槛的盈余管理的容忍度(Legoria et al., 2013);也有研究发现审计调整与较高的盈余平滑度、盈余可持续性、应计质量相关(Lennox et al., 2014);除此之外,审计合伙人的薪酬计划也会影响出具持续经营意见的可能性(Carcello et al., 2000)。

3.4.3 评析与展望

本部分从供给(审计师)的视角综述了影响审计质量的因素,主要从两个方面展开:一方面,关注审计师提高审计质量的动机,主要论述了审计师面临的声誉风险和诉讼风险,这使得审计师从主观认知层面重视审计中的质量控制,避免遭受重大损失;另一方面,关注审计师提高审计质量的能力,主要论述了审计师行业专长、分所(区域)规模、审计过程,这些是决定审计师客观实践层面能力的重要因素,受限于审计师的专业知识与技能、审计任期、执业经验以及事务所的员工培训计划、质量控制程序等。

应该注意到审计师的动机和能力不可避免地受到外部审计环境的影响,如制度环境、监管干涉、资本市场条件、审计与会计准则等。然而,除了有关SOX法案的监管干涉,研究者对其他因素的研究很少。如有研究发现当资本市场条件较好时,审计师对首次公开发行(IPO)公司会放松要求;会计准则的准确程度会影响管理层进行盈余管理的动机以及审计师还原盈余管理的动机;审计职业越发达的国家,Big N 提供的审计质量更高。

从供给(审计师)的视角研究审计质量控制,目前的主流范式是经验研究(档案研究),但是这种研究方法受制于二手数据的局限,无法深入到事务所内部理解微观层面的审计师认知、审计业务流程,无法打开供给(审计师)视角审计质量控制的"黑箱"。未来的研究可以从以下几个方面突破:①关注影响审计师动机和能力的外部审计环境,充分考虑制度环境、会计审计监管、资本市场等对审计师提供高质量审计的激励和限制。②进一步研究决定审计师动机和能力的要素,拓展度量指标,特别是审计师能力影响因素的度量,现有研究很不充分,除了行业专长、分所规模、审计过程外,未来应引入更多的维度,如事务所组织结构、内部网络、培训与晋升体系、审计师业绩评价。③进一步深入到审计师个人层面,研究个人认知能力、性别、学习经历、从业经验、职业背景等个性特征对执业过程及审计质量的影响。④借鉴认知心理学、行为科学的理论,采用实验、案例、访谈、问卷调查等方法,深入到事务所内部,采集一手资料,打开供给(审计师)视角质量控制的"黑箱"。

3.5 审计质量度量:相关指标在文献中的应用

表 3.1 给出了主要中文期刊,包括经济研究、会计研究、审计研究、中国会计评论、中国财务与会计、财经研究;管理世界、南开管理评论、管理评论、经济管理,2013 年 1 月至 2018 年 4 月间刊出的涉及审计质量的文献,共 44 篇。其中,审计研究刊发了 25 篇,占 56.82%,会计研究刊发了 11 篇,占 25%,合计占总审计质量发文量的 81.82%,综合类期刊合计发文占比 18.18%,可见审计质量方面的论文还是主要刊发在了专业期刊上。

在产出视角的代理指标的使用上,财务报告质量基础的指标操控性应计出现了 27 次,占发文总量的 61.36%;审计师基础的非标准审计意见、审计报告激进性等出现了 15 次,占发文总量的 34.09%;其他如监管处罚基础的财务重述出现了 4 次,市场基础的盈余反应系数出现了 5 次,而动机与能力方面的指标主要是国际四大、国内十大,可见审计质量的替代指标主要用的是操控性应计和非标准审计意见,其他指标则不常用。

表 3.1 主要中文期刊中审计质量研究文献

Author	Journal	Sample	审计质量				
			监管处罚基础	产出视角指标		市场感知基础	动机与能力指标
				审计师基础	财务报告质量基础		
林永坚、王志强（2013）	财经研究	2007~2009		非标准审计意见	操控性应计		
李明辉、刘笑霞（2013）	财经研究	2007~2010			操控性应计		
谢盛纹、闫焕民（2013）	会计研究	1998~2010			操控性应计		
胡丹、冯巧根（2013）	会计研究	2009~2011			操控性应计		国际四大、国内十大
曾建光等（2013）	经济研究	2004~2010			操控性应计		
贺建刚等（2013）	审计研究	2006~2010		非标准审计意见			
刘行健、王开田（2014）	审计研究	2008~2012			操控性应计		
王永海、章涛（2014）	会计研究	2007~2012			操控性应计		国际四大、国内十大
谭楚月、段宏（2014）	会计研究	2007~2012					
曾亚敏、张俊生（2014）	审计研究	2010		非标准审计意见	操控性应计		
王兵等（2014）	审计研究	2006~2011			会计稳健性		
陈宋生等（2014）	审计研究	2007~2012			真实盈余管理	盈余反应系数	
刘文军（2014）	审计研究	2008~2011		非标准审计意见	操控性应计		
刘岩亮等（2015）	会计研究	2010~2013		非标准审计意见	操控性应计		
杨清香等（2015）	会计研究	2003~2013	财务重述				
吴昊旻等（2015）	经济管理	2000~2012			操控性应计		
李晓慧、庄飞鹏（2015）	审计研究	2008~2012			操控性应计		
陈丽红等（2015）	审计研究	2007~2013			操控性应计		国际四大、国内十大

续表

Author	Journal	Sample	产出视角指标 / 审计质量				动机与能力指标
			审计师基础（监管处罚基础 / 审计师基础）	财务报告质量基础	市场感知基础		
吴昊旻等（2015）	审计研究	2003~2010		操控性应计			
吴伟荣,刘亚伟（2015）	审计研究	2009~2013	审计报告激进性				
贾楠,李丹（2015）	审计研究	2001~2012	非标准审计意见	操控性应计			
周兰,耀友福（2015）	审计研究	2008~2012		操控性应计、会计稳健性			
黄益雄,李长爱（2016）	会计研究	2012~2015		操控性应计			
王晓珂等（2016）	会计研究	1998~2009	非标准审计意见		盈余反应系数		
张健,魏春燕（2016）	审计研究	2009~2014		操控性应计			
朱晓文,王兵（2016）	审计研究	2010~2014		操控性应计			
刘文军（2016）	审计研究	2009~2014		操控性应计			
郑登津,闫天一（2016）	审计研究	2003~2013					审计师行业专长
齐鲁光,韩传模（2016）	审计研究	2007~2012	财务重述				
余玉苗等（2016）	审计研究	2007~2012					
冉明东等（2016）	审计研究	2004~2012					国际四大
张宏亮,文挺（2016）	审计研究	2008~2015		操控性应计、会计稳健性	盈余反应系数		审计收费、国际四大、国内十大
徐经长,汪猛（2017）	会计研究	2008~2015					审计收费
张俊生等（2017）	会计研究	2003~2014	非标准审计意见	操控性应计	盈余反应系数		

第 3 章　审计质量度量与实证模型构建 | 49

续表

Author	Journal	Sample	产出视角指标				动机与能力指标
			监管处罚基础	审计师基础	财务报告质量基础	市场感知基础	
赵艳秉, 张龙平(2017)	经济管理	2001~2014	财务重述	非标准审计意见	操控性应计		审计收费, 国际四大、国内十大
潘珺, 余玉苗(2017)	南开管理评论	2011~2013	财务重述		操控性应计 真实盈余管理		
黄敬昌等(2017)	审计研究	2008~2014				盈余反应系数	
吕敏康, 冯丽丽(2017)	审计研究	2006~2012			操控性应计		
吴伟荣等(2017)	审计研究	2003~2015		非标准审计意见 审计失误			
闫焕民等(2017)	审计研究	2010~2015			操控性应计 会计稳健性		
武恒光, 郑方松(2017)	审计研究	2007~2015		非标准审计意见 审计报告激进性			综合评价前十大
步丹璐, 屠长文(2017)	审计研究	2007~2015		非标准审计意见 审计报告激进性			审计收费
张睿等(2018)	管理评论	2007~2014		非标准审计意见	操控性应计		
吴伟荣, 李晶晶(2018)	管理评论	2009~2016		审计报告激进性	操控性应计		

注：1. 主要中文期刊包括：经济研究、会计研究、审计研究、中国会计评论、中国财务与会计、财经研究、管理世界、南开管理评论、管理评论、经济管理；
2. 时间跨度上从 2013 年 1 月至 2018 年 4 月；
3. 审计质量的度量指标分为两大类（监管处罚基础、审计师基础、财务报告质量基础、市场感知基础），供给视角。

3.6 审计质量的经验框架与实证模型构建

3.6.1 经验框架

(1) Francis 框架(2011)

Francis(2011)提出了一个认识和研究审计质量的框架(见图 3.1 Francis 框架),认为审计质量是一个复杂的连续型概念,具有多个层级。进一步地,基于审计环境的结构主义观点,结合经验审计研究中表现出的不同范式,审计质量受到从微观视角的审计过程到宏观视角的审计后果六个层次分析单位的影响,分别是:①审计输入;②审计过程;③会计师事务所;④审计行业与审计市场;⑤制度;⑥审计产出的经济后果。这个框架能够使研究者在进行审计质量研究时思想更加敏锐、清晰,也有助于审计师、监管者、政策制定者更好地认识影响审计质量的多重驱动因素(Francis,2011)。

审计质量受到每一个分析层次的影响。如输入层次的高审计质量意味着,应该由独立和具有胜任能力的人员执行审计测试,使用的测试程序要能够得到足够的可靠且相关的审计证据。审计过程的高审计质量,意味着项目组成员要做出关于执行特定测试的正确决策,并且合理地评价得到的证据。审计质量也受到会计师事务所的影响,事务所制定的审计质量控制程序、开发的审计测试程序,以及薪酬计划、组织结构等都会影响审计人员的行为。最后,会计师事务所和个体审计师提供高质量审计的动机会受到制度的影响,而制度决定了审计监管模式以及对审计人员、会计师事务所不当行为和低质量审计的处罚(Francis,2011)。

这个框架分层解析了审计的理论属性,如果按照这六个层次理解审计质量,复杂性就显而易见了。Francis 框架的每个层次,动机、产出、特性、过程以及判断的问题都表现为不同的方式。譬如,每一层面,不同的参与者,如项目合伙人、项目组、会计师事务所和监管者可能有不同的动机,甚至是潜在的冲突;更进一步地,程序的性质在每一个层次都不相同,每一个层次的产出固定地提供给更高的分析层次,也就是,个体审计师的决策汇集到过程,过程汇集到一个项目组,项目组汇集到会计师事务所。

审计研究的分析层次
（Jere R. Francis, 2011, p126）

审计输入
- 审计测试
- 项目组成员

审计过程
- 项目组成员执行的审计测试

会计师事务所
- 项目组成员在会计师事务所执业
- 会计师事务所聘用、培训审计师，制定薪酬计划，发展审计指引（测试程序）
- 以会计师事务所的名义签发审计报告

审计行业与审计市场
- 会计师事务所构成一个行业
- 行业结构影响市场和经济行为

制度
- 制度影响审计和质量诱因，如：州会计委员会、美国注册会计师协会（AICPA）、财务会计准则委员会（FASB）、美国证券交易委员会（SEC）、公众公司会计监管委员会（PCAOB）等，以及更广泛的法律系统。

审计产出的经济后果
- 审计产出影响客户和已审会计信息的使用者

在原图基础上有改编，感兴趣的读者可以参考原文：Francis, J. R. (2011). A Framework for Understanding and Researching Audit Quality. Auditing: A Journal of Practice & Theory, 30(2), 125-152

图 3.1　Francis 框架

（2）Knechel et al. 框架（2013）

Francis（2011）的框架试图从全方位、多角度理解审计质量，进而把这些理解整合起来界定审计质量，显得过于复杂，很难应用。有鉴于此，Knechel 等（2013）借鉴"平衡计分卡"的思想，提出了一个新框架（见图 3.2　Knechel et al. 框架），可以同时处理不同利益相关者的不同视角。"平衡计分卡"方法使得利益相关者可以把主要关注点放在跟自己最相关的少量指标上，从而避免了强加一个固定结构给所有使用者的困境。

Knechel 等（2013）的框架围绕"平衡计分卡"的四个维度讨论审计质量评价指标：输入、过程、产出和特定背景。这使得我们能够把审计质量的基本属性(即动机、不确定性、独特性、过程和判断)更直接地同目前的审计质量研究文献联系起来。首先,审计输入主要反映审计项目组成员的个人特征,如职业怀疑、知识、专长等。其次,审计质量受到审计过程固有特征的影响,如风险评估程序、分析程序、工作底稿复核等。由于客户经营计划、交易、管理层动机、风险、内部控制的差异,这些过程指标在每一个业务中的独特性是显而易见的。再次,相关的产出可以通过不同的可观测特征反映出来,如财务报表重述、财务报表质量、审计报告的准确性、监管检查的结果。最后,审计质量受到特定背景的影响,包括异常审计收费、审计任期、项目合伙人薪酬、审计费用溢价等,这些因素都会影响审计师动机。

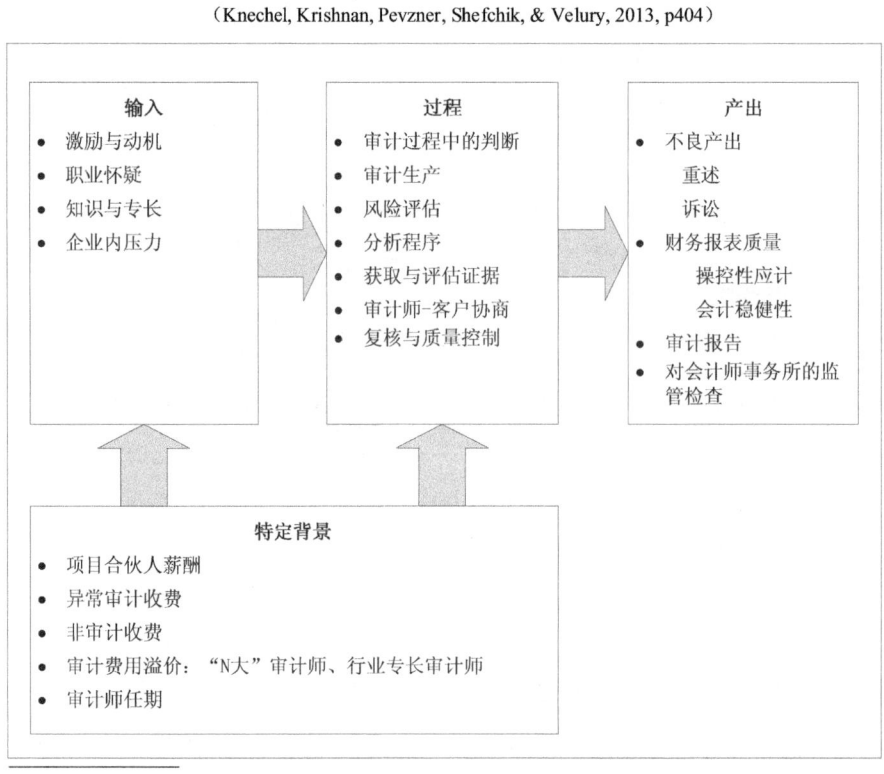

在原图基础上有改编,感兴趣的读者可以参考原文:Knechel, W. R., Krishnan, G. V., Pevzner, M., Shefchik, L. B., & Velury, U. K. (2013). Audit Quality: Insights from the Academic Literature. Auditing: A Journal of Practice & Theory, 32, 385-421

图 3.2 Knechel et al. 框架

总之，计分卡中的指标既包括财务的（如财务报表重述），也包括非财务的（如审计师行业专长）。更进一步，一个方面的提高会导致另一个方面的提高，从而把审计的不同阶段联系起来，如发展审计师行业专长、提高职业怀疑意识、招聘并训练有才能的员工会提高审计过程的有效性，进而会得到理想的审计产出。

（3）DeFond and Zhang 框架（2014）

DeFond 和 Zhang（2014）提出了一个理解和评价文献中常用的审计质量代理变量的框架（见图 3.3 DeFond and Zhang 框架），旨在更好地理解审计质量的属性及其与财务报告质量的关系，为审计质量代理变量的选择及结果的解释提供指导。

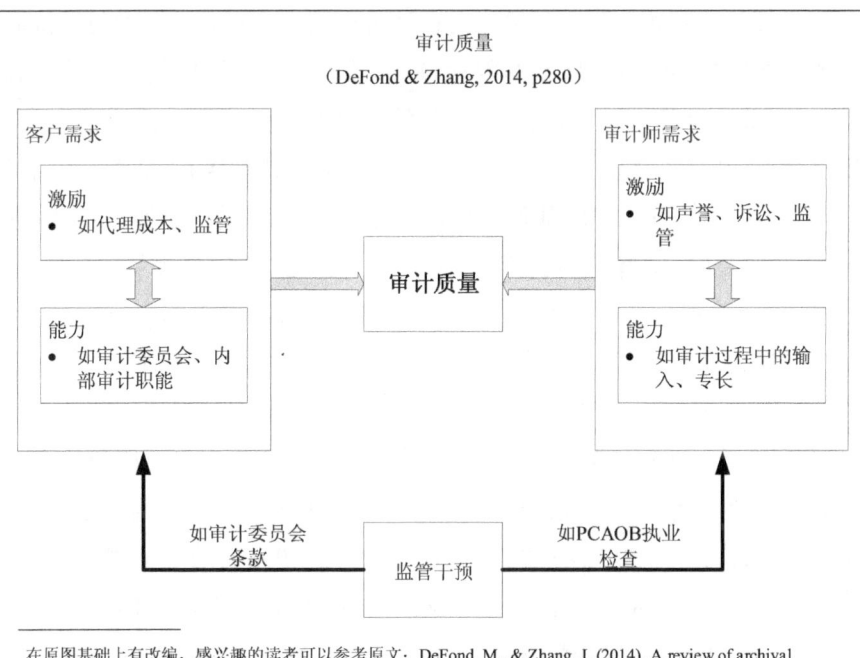

在原图基础上有改编，感兴趣的读者可以参考原文：DeFond, M., & Zhang, J. (2014). A review of archival auditing research. Journal of Accounting & Economics, 58(2-3), 275

图 3.3 DeFond and Zhang 框架

我们把审计师提供的鉴证服务视为经济商品（Simunic, 1980），提出审计质量由客户需求和审计师供给两方面的因素决定，供求双方的行为又受各自动机和能力的影响（DeFond and Zhang, 2014）。客户对审计质量的需求由客户激励引发，如代理成本和监管的考虑；客户满足自身对审计质量需求的能力由审计委员会、内部审计职能等反映出来。审计质量供给受到审计师独立性动机的影响,由声誉、诉讼、监管等因素决定;审计师提供审计质量的能力由专长、审计过程中项目层次的输入等反映出来。因此,客户和审计师之间动机和能力的差异导致了审计质量的差异。而监管干涉则扮演了一个重要角色,对供求双方的动机和能力都有重大影响,如美国公众公司会计监管委员会(PCAOB)、中国财政部、中国证监会等。最后,中介机构对供求双方的动机和需求也有一定影响,如分析师跟踪、会计师事务所评级机构评级等。

(4) 比较与评析

Francis(2011)框架、Knechel 等(2013)框架、DeFond 和 Zhang(2014)框架属于经验研究(档案研究)框架。这三个框架从逻辑上看是逐步简化的,Francis 框架从微观视角的审计输入与审计过程到宏观视角的制度与经济后果等六个维度分析影响审计质量的因素,每个维度又结合不同的研究范式和不同的视角(如审计师、监管部门、内外部利益相关者),试图从全方位、多角度理解整合审计质量,是比较复杂的;Knechel 等框架则借鉴了"平衡计分卡"的基本理念,在 Francis 框架的基础上对其进行了大幅度简化,分四个维度(即输入、过程、产出和特定背景)讨论审计质量评价指标,关键流程是"输入-过程-输出",约束要素是特定背景,结构比较清晰;DeFond 和 Zhang 框架则进一步简化,从供给方(审计师)和需求方(被审计客户)两个角度分别讨论了激励和胜任能力两个方面因素,结构更加清楚明确,适合指导审计理论研究。

经验(档案)研究流派有一个关键性假设:审计环境在审计质量的影响因素中起决定性作用。档案研究流派的研究者研究了法律监管(Francis and Dechun, 2008)、职业界自我监管(Grant et al., 1996)、会计师事务所规模(DeAngelo, 1981; Francis and Yu, 2009)、非审计服务(Firth, 1997)、低价投标(DeAngelo, 1981)、审计师任期(Carey and Simnett, 2006)、客户公司治理(Dunn and Mayhew, 2004; Lennox and Pittman, 2010)、审计师行业专长(Dunn and Mayhew, 2004)等。总体来看,这些经验(档案)研究极大地提高了我们对审计环境如何影响审计质量的理解。然而,这种方法的一个重大缺陷是把会计师事务所视为一个"黑箱"(Hopwood, 1996; Francis, 2011),因此,会计师事务所内部能够解释差异的特定机制依然模糊不清。

3.6.2 实证模型构建

审计质量与财务报告质量的关系错综复杂、密不可分,因此,审计质量会不可避免地部分依赖财务报告质量。审计质量实证检验模型中很重要的一个问题就是如何有效地运用控制变量分离这些概念的相互影响。有代表性的检验产出视角的审计质量模型有四个代理变量:财务报表重述(FSR)、持续经营审计意见(GCs)、操控性应计(DAC)、资本成本(CC),可以一般化为以下结构:

$$审计质量(AQ) = \alpha + \beta \times 处理变量(TV) + \sum_{i=1}^{n} \gamma_i \times 控制变量(CV) + \varepsilon$$

(3.1)

例如,一些研究检验了审计师行业专长是否提高了审计质量,审计质量用操控性应计(DAC)替代。常见做法是用线性模型对操控性应计的绝对值(指代审计质量)和审计师行业专长指标(常常用二元离散变量表示)、其他控制变量进行回归。得到一个显著负相关的系数,则解释为审计师行业专长能够抑制企业的盈余管理,从而提高了审计质量。控制变量则捕获了可能会影响操控性应计的客户财务特征(如规模、财务杠杆、销售增长率、是否亏损)、其他审计师方面的特征(如是否"N大"、审计师任期)以及行业特征、年度等。当使用操控性应计代理审计质量时,这些变量控制了与审计师行业专长相关的潜在遗漏变量,使得处理变量(审计师行业专长)条件独立于模型随机误差项。

值得注意的是控制变量(如客户规模、财务杠杆)可能也会与企业的固有特征和财务报告系统相关。然而,要精确识别和计量一些基本构念(如固有特征和财务报告系统)是很困难的。现有的常用模型在缺乏强有力的理论指导的情况下依靠经验证据逐步演化,是不太可能完全控制住这些基本构念的。这意味着现有模型识别出来的处理效应可能部分地来源于企业的固有特征和财务报告系统。与较高的遗漏相关变量的风险一致,一些审计质量模型的 R^2 较低。未来的审计质量研究应该致力于解开审计质量与财务报告质量的复杂关系,提高模型的解释能力,准确捕获处理效应。

3.7 小　　结

审计质量不仅是审计理论研究中的核心话题,也广受实务界和监管部门关注。从"市场评估的审计师发现客户会计系统违规并报告该违规的联合概率"到把高审计质量定义为审计师提供的"对财务报表如实反映了企业基本经济情况"的更高保证,从二元变量到连续变量,从单一的审计师视角到关注所有的财务报告利益相关者,对审计质量的理解并没有一个定式。

产出视角的审计质量度量指标涵盖了财务报表重述、会计和审计强制公告、持续经营审计意见、非标准审计意见、操控性应计模型、达到或超过盈余目标、应计质量、损失及时确认模型、盈余反应系数、股票市场反映、资本成本等代理变量。审计师提高审计质量的动机和能力,则一方面是审计师出于声誉风险和诉讼风险的考虑,另一方面依赖于审计师自身的行业专门知识、技能以及特定审计程序等。

审计作为一种鉴证服务,是资本市场投资者利益保护的重要制度安排。其信用品的特征,决定了要从供给的视角进行事前的质量控制,以及从产出的视角进行事后的质量反馈、修正。文献中产出视角的审计质量度量指标已经较为完善,但供给视角的审计质量控制,特别是审计师提高审计质量的能力方面,还远没有研究充分,需要借鉴行为与社会学理论、认知与心理学理论、神经科学理论,以及实验研究、案例研究、访谈、调查问卷等方法,多角度多层次展开审计质量的研究。

第4章
行业专长审计师能否提高审计质量：基于全国总所与区域分所的分析

行业专长审计师能否提高审计质量不仅是审计理论研究的热门问题,也受到监管部门和会计师事务所的高度关注,对这个问题的回答关系着事务所按行业重组其审计服务生产线的必要性。本章利用 2007~2015 年沪深 A 股上市公司的数据,研究审计师行业专长对审计质量的影响,基于操控性应计模型的经验结果表明:行业专长审计师能够有效抑制企业盈余管理行为,提高盈余质量,也即提供高的审计质量,其中,区域(分所)层面行业专长与盈余质量显著负相关,全国(总所)层面行业专长与盈余质量的关系不显著,全国(总所)与区域(分所)之间的互补作用则不稳健。进一步采用达到或超过盈余门槛模型、非标准审计意见模型进行检验,得到的结论与操控性应计模型一致,这意味着在我国,审计师行业专长效应主要体现在区域(分所)层次,全国(总所)层面的行业专长声誉、知识或技能等并不能通过总所-分所之间的网络传递到分所层次。

4.1 引　　言

先前文献提供了几种方法检验行业专长审计师能否提高审计质量。一是,大量的研究发现全国(总所)层面的行业专家与高质量审计关联,使用的代理变量有操控性应计、盈余反应系数、持续经营审计意见、达到或超过盈余门槛、披露质量以及分析师预测准确性等,但也有相对较少的研究支持区域

(分所)层面的行业专长提供了较高的审计质量(Balsam et al., 2003；Payne, 2008；Reichelt and Wang, 2010)。审计师个人层面的数据在英美等国家无法获得，但利用我国台湾地区数据的研究发现审计师个人行业专长能够减少财务报表重述(Chin and Chi, 2009)，提高审计质量。

二是，经验研究文献也通常认为审计师行业专长与财务报告质量正相关(Carcello and Nagy, 2004；Gul et al., 2009)。特别地，行业专长审计师的客户遭到证券交易委员会监管处罚的概率较低、出现财务舞弊的概率较低(Carcello and Nagy, 2004)，较小的操控性应计余额和较高的盈余反应系数(Balsam et al., 2003；Krishnan, 2005)。Dunn 等(2004)发现证券分析师给予了行业专长审计师的客户较高的披露质量评级，相比非专长审计师的客户；Gramling 等(2001)发现行业专长审计师的客户的盈余能够更加准确地预测未来现金流量，相比非专长审计师的客户。相比之下，Lys 等(1994)发现行业专长审计师与非专长审计师在遭遇法律诉讼的可能性上，并没有明显差异。

此外，行为研究的文献则采用试验的方法直接检验审计师个人层面的专长，有证据表明行业专门知识提高了审计师的职业判断能力，从而提高审计质量。例如，有研究发现审计师个人层面的深度行业专门知识以及个人天赋提高了审计质量(Libby and Hun-Tong, 1994)，有助于审计师准确发现财务报表错报(Owhoso, et al., 2002)，提高了审计师财务报表层次及认定层次风险评估的质量，影响审计测试程序与范围的选择以及审计工时的分配(Low, 2004)。

4.2 文献综述与研究假设

4.2.1 行业专长审计师与盈余质量

有证据显示经行业专长审计师审计的财务报表，其盈余质量要显著高于非行业专长审计师。例如，Balsam 等(2003)检验了审计师行业专长对盈余质量的影响，发现行业专长审计师的客户的操控性应计的绝对值更低，盈余反应系数更高，意味着经行业专长审计师审计的财务报表具有更高的盈余质量。Krishnan(2003)提出行业专长审计师是抑制盈余管理的一种外部机制，并检验了以行业市场份额与行业组合份额为基础计量的审计师行业专长与操控性应计绝对值的关系，发现行业专长审计师与非行业专长审计师相比显著抑制了应计基础的盈余管理，也就是前者有较高的盈余质量。这两篇同时期的经典文献均是在全国的层面衡量审计师行业专长，得出了类似的结论。

随后的研究则更深入一步。有研究者提出除了要考虑全国层面（National-level）的专长，还要考虑区域层面（Localized-level），也即总所层面（Firm-wide）、分所层面（Office-specific）的专长都要考虑。Ferguson 等（2003）、Francis 等（2005）认为行业专长来源于专业领域长期工作积累的对特定客户的深度认知，因此，地理位置是否与客户公司临近也会是影响对客户了解的一个因素。Reichelt 等（2010）沿用 Ferguson 等（2003）、Francis 等（2005）的分析框架，检验总所、分所层面的行业专长审计师是否提高了审计质量，结果发现分所、总所以及联合行业专长均与客户操控性应计的绝对值负相关，进一步的证据表明，审计师行业专长与迎合分析师盈余预测的概率负相关，与出具非标准审计意见正相关，提供了总所与分所层面的联合行业专长会带来较高审计质量的一致证据，暗示总所层面的积极网络协同作用和分所层面项目合伙人的深度专业知识有助于提高审计质量。

审计师行业专长究竟是一个总所层面的现象还是分所层面的现象，这个话题的核心在于专长知识的可传递性，也就是，会计师事务所能否有效地把分所行业专长知识通过事务所的网络传递给其他分所，以赚取总所层面的行业专长声誉溢价（Goodwin and Wu，2014）。有研究认为"国际 N 大"事务所之间通过塑造行业专家形象以彼此区分，通常在总所层面度量行业专长并且假设行业知识能够在总所与分所之间转移。但 Ferguson 等（2003）提出一个开创性的研究设计，发现只有当同时是总所和分所层面的行业专长审计师时才会获得专长溢价，而当仅仅是总所层面的行业专长审计师时，不能获得专长溢价。有证据表明，对行业专长的分析应该以分所为基础，虽然存在地区以及"国际 N 大"分权化程度的差异，来自美国市场的证据（Francis et al.，2005）、英国市场的证据（Basioudis and Francis，2007）都支持分所层面的观点。尽管总体上的证据不支持总所层面行业专长的观点，但是，分所层面的观点也暗含了一个假设，行业专长知识并不仅仅局限于特定的专家合伙人，进一步地，行业专长知识可以在分所内传递给非专长项目合伙人，当其在行业专长审计师已经发展了专长知识、建立了专长声誉的行业执业时,这种可转移性表明,分所能够在特定行业赚取专长溢价,即使专长审计师并未实际参与。另外,审计报告通常由首席项目合伙人认可,并以分所的名义签发,虽然可能会有其他分所的人员参与,但整体上是分所的首席项目合伙人直接管理所有审计工作,评价审计证据,决定出具审计报告的类型。因此,行业专长的影响究竟来源于总所层面还是分所层面,在很大程度上取决于分所基础的专业知识的获取以及总所层面知识共享系统的运作。

行业专长审计师抑制管理层盈余管理,提高盈余质量有几种途径。首先,行业专长审计师拥有更多的行业业务的专门知识、技能和会计实践,能更好地理解企业的复杂交易或事项、识别与控制企业激进的会计处理,也就意味着专家拥有更高的传递高质量审计的专业胜任能力(Reichelt and Wang, 2010)。其次,行业专家有更高的声誉资本以及避免声誉受损的担忧,这使得他们有更强的传递高审计质量的动机(Craswell et al., 1995)。由于不同的原因,行业专长可能产生于组织的各个层级,全球和全国层面(总所)的行业专长提供了更多的知识分享的机会,而城市层面(分所)的行业专长则体现在有效利用客户特定的知识和地方经济环境。一般来说,审计师为了维护自己的声誉会顶住客户要求进行大幅度盈余操纵的压力,并施加较严格的标准,以最小化客户报出误导性财务报告的可能(Reynolds and Francis, 2000)。因此,如果行业专长审计师施加了更严格的标准并且更有能力限制客户的盈余管理行为,那么其客户的盈余报告应该具有更低的异常应计。根据以上分析提出:

H1. 行业专长审计师能有效抑制管理层盈余管理,提高盈余质量,也即行业专长审计师代表了更高的审计质量。

H1a. 全国(总所)专长审计师能有效抑制管理层盈余管理,提高盈余质量;

H1b. 区域(分所)专长审计师能有效抑制管理层盈余管理,提高盈余质量;

H1c. 全国(总所)专长与区域(分所)专长之间存在协同效应。

对管理层盈余管理程度的第二种分析则基于达到或超过盈余门槛的可能性。Berenson(2003)发现资本市场对企业施加了越来越大的达到盈余门槛的压力,如分析师盈余预测;如果不能达到盈余门槛,即便数额微小,也会导致股价下降和管理层薪酬减少(Reichelt and Wang,2010);Degeorge 等(1999)提供了盈余在零点的间断的证据,这与企业会操控盈余以达到或超过分析师盈余预测的预期一致。因此,总体上,管理层有强烈的盈余管理动机以达到或超过盈余门槛。根据以上分析提出:

H2. 行业专长审计师与达到或超过盈余门槛的客户相关联的可能性更小,也即行业专长审计师代表了更高的审计质量。

H2a. 全国(总所)专长审计师与达到或超过盈余门槛的客户相关联的可能性更小;

H2b. 区域(分所)专长审计师与达到或超过盈余门槛的客户相关联的可能性更小;

H2c. 全国(总所)行业专长与区域(分所)行业专长之间存在协同效应。

4.2.2 行业专长审计师与非标准审计意见报告

被出具非标准审计意见报告[①]的上市公司更倾向于更换审计师,审计师会面临较大的精神、经济等方面的压力,因此,出具非标准审计意见报告意味着审计师有较高的独立性,其概率则常被用作审计质量的替代指标(Lim and Tan,2008;Reichelt and Wang,2010)。一般认为专业胜任能力和独立性是影响审计师出具非标准审计意见报告的重要因素,但是否区域(分所)层面的行业专长审计师会提高出具非标准审计意见报告的概率还没有清晰结论。

现有文献指出审计师规模、审计收费、全国(总所)层面的行业专长审计师与出具非标准审计意见报告的概率正相关(Weber and Willenborg,2003;Lim and Tan,2008)。少量研究检验了出具非标准审计意见报告的概率是否与全国(总所)、区域(分所)层面的审计收费有关,其中,Li(2009)和 Reynolds 等(2000)采用美国的数据检验了审计收费与持续经营审计意见的关系,Craswell 等(2002)采用澳大利亚的数据检验了审计收费与保留意见审计报告的关系。然而,这些研究并没有得到出具非标准审计意见报告的概率与审计师区域(分所)层面行业专长相关的证据。有文献指出全国(总所)和区域(分

---

① 审计师出具的审计意见类型通常以以下六种之一:(1)标准无保留意见;(2)保留意见;(3)否定意见;(4)无法发表意见;(5)无保留意见加事项段;(6)保留意见加事项段。非标准审计意见指(2)-(6)。

所)联合专长审计师取得了专长溢价(Francis et al., 2005; Basioudis and Francis, 2007),暗示其提供了差异化和高质量的审计服务。如果总所和分所层面的联合专长使得审计师执行了高质量抑或高标准的审计,那么就意味着他们更可能出具非标准审计意见报告。

行业专长审计师更可能出具非标准审计意见报告,原因有以下几个方面:首先,专长审计师拥有更多的与客户相关的特定行业知识,令其能够把客户的经营、财务状况置于具体的行业背景中,更好地从整体上对企业的发展前景做出准确判断。有研究认为审计师会选择特定行业、特定领域发展专长并进行大量的投资,以塑造行业专家形象,建立高质量的声望(Kwon et al., 2007; Lim and Tan, 2008)。例如,有经验的审计师会把较多的资源配置在审计计划和风险评估阶段,把企业内外部环境的调查作为一个重要审计工作,以最大限度地减少在具体的审计程序、手段上的投入(Blokdijk et al., 2006)。所以,他们往往会要求项目组成员采用更高的质量标准,更有效的审计程序去评价客户的持续经营风险。其次,行业专长审计师塑造了更高审计质量的声誉,也使得他们有更强烈的动机保护自己的声誉免遭不恰当审计意见带来的法律诉讼的威胁。出于自我保护的目的,行业专长审计师会顶住来自客户的出具标准审计意见报告的压力以降低诉讼风险,并且降低对客户经营失败概率的容忍度,也即提高了出具非标准审计意见报告的概率。总而言之,全国(总所)和区域(分所)行业专长审计师具有更好地评估客户经营风险的能力,也有通过出具更加保守的审计意见以最小化诉讼风险、保护自身声誉的动机。因此,全国(总所)和区域(分所)层面的行业专长审计师与非专长审计师相比会更倾向出具非标准审计意见报告,在其他条件相同的情形下。根据以上分析提出:

H3. 行业专长审计师出具非标准审计意见报告的概率会更高,也即更高的审计质量。

H3a. 全国(总所)专长审计师出具非标准审计意见报告的概率会更高;

H3b. 区域(分所)专长审计师出具非标准审计意见报告的概率会更高;

H3c. 全国(总所)行业专长与区域(分所)行业专长之间存在协同效应。

4.3 行业专长审计师界定

4.3.1 样本选择

初始数据为2007~2015年沪深A股上市公司19 993个样本(公司/年),依次剔除以下样本:①删除金融业样本492条(行业代码为J66、J67、J68、J69);②删除国内审计费用缺失样本1 586条;③删除分年度分行业[①]样本数小于等于2个的样本12条;④删除分年度分省份分行业样本数小于等于2个的样本1 863条,最后剩余用于分析行业专长的样本数为16 040条。

行业分类依据中国证监会颁布的上市公司《行业分类指引》(2012年修订)[②]。主回归采用行业门类(一位编码),A、B、C、…、S,共19类;制造业公司数量较多[③],因此,也有文献把制造业进一步细分到三位代码,本文在稳健性检验中采用该法,把制造业按门类和大类分类(也即C13、C14、…、C43),其他行业仍取一位门类代码。

4.3.2 行业专长审计师的描述性统计量

表4.1给出了行业专长与行业市场份额的描述性统计量,总样本数为16 040条,分年度平均市场份额为6.2%,最小值为0.026%,最大值为81.6%;分年度分省份行业市场份额平均数为22%,最小值为0.109%,最大值为100%。按行业领导者法识别的全国(总所)行业专长审计师审计的客户占样本总数的11.7%[④],区域(分所)行业专长审计师审计的客户占样本总数的

[①] 这里用的是行业门类(一位代码),如果没有特别明说,本文中行业分类均指一位门类,下同。

[②] 该《行业分类指引》参照《国民经济行业分类》(GB T4754-2011),将上市公司的经济活动分为门类、大类两级。与此对应,门类代码用一位英文字母表示,即字母A、B、C、…依次代表不同门类;大类代码用两位阿拉伯数字表示,从01开始按顺序依次编码。其中门类包括:A 农、林、牧、渔业;B 采矿业;C 制造业;D 电力、热力、燃气及水生产和供应业;E 建筑业;F 批发和零售业;G 交通运输、仓储和邮政业;H 住宿和餐饮业;I 信息传输、软件和信息技术服务业;J 金融业;K 房地产业;L 租赁和商务服务业;M 科学研究和技术服务业;N 水利、环境和公共设施管理业;O 居民服务、修理和其他服务业;P 教育;Q 卫生和社会工作;R 文化、体育和娱乐业;S 综合。

[③] 如,本文总样本为16 040条,其中制造业样本为10 744条,占到66.98%。

[④] 需要注意的是这个数字以及表1中的29.7%、25.3%、24.3%均包含了同时专长的情况。

29.7%,同时具有全国(总所)、区域(分所)行业专长的审计师审计的客户占样本总数的 5.5%;类似的,按行业领先法识别的全国(总所)、区域(分所)、同时专长的审计师审计的客户分别占总样本的 25.3%、24.3%、9.7%。总体上可见,聘用了行业专长审计师的上市公司大约占四分之一,而聘请了同时为全国(总所)和区域(分所)专长审计师的上市公司则较少,平均仅为 7.6%。

表 4.2 显示了两种方法认定的专长审计师具体的客户数。其中:按行业领导者法认定的全国(总所)、区域(分所)行业专长以及同时专长审计师审计的样本分别为 998、3 879、886,其余 10 277 为非行业专长审计师审计;类似的,按行业领先法认定的专长审计师审计的样本分别为 2 503、2 341、1 553,其余 9 643 为非行业专长审计师审计。表 4.3 则进一步显示了样本所在行业、行业公司数量以及专长审计师的客户的行业分布。

表 4.4 列示了分年度全国(总所)层次行业专长审计师的专长领域。表 4.4 Panel A 是按行业领导者法认定的专长行业,可以看出国际四大中:毕马威华振的专长行业主要是 BD①,普华永道中天的专长行业主要是 BFG,德勤华永的专长行业主要是 E,安永华明在 2010 年以前专长行业为 ECL,2010 年之后则没有认定的专长行业。国内所主要是立信专长于 CIKQRS,瑞华专长于 AR,信永中和 2007~2012 年专长于 A,致同 2012~2015 专长于 H。表 4.4 Panel B 的分析类似,具体参见表中列示。

---

① 字母代表中文行业名称参见 Panel D 注释,下同。

第 4 章 行业专长审计师能否提高审计质量：基于全国总所与区域分所的分析

表 4.1 行业专长与行业市场份额

	行业领导者法（ISA1）							行业领先法（ISA2）					
	N	mean	sd	min	median	max		N	mean	sd	min	median	max
$ISA1_{NAT}$	16 040	0.117	0.322	0.000	0.000	1.000	$ISA2_{NAT}$	16 040	0.253	0.435	0.000	0.000	1.000
$ISA1_{CIT}$	16 040	0.297	0.457	0.000	0.000	1.000	$ISA2_{CIT}$	16 040	0.243	0.429	0.000	0.000	1.000
$ISA1_{BOTH}$	16 040	0.055	0.228	0.000	0.000	1.000	$ISA2_{BOTH}$	16 040	0.097	0.296	0.000	0.000	1.000
IMS_n	16 040	0.062	0.069	0.00026	0.041	0.816	IMS_n	16 040	0.062	0.069	0.00026	0.041	0.816
IMS_ns	16 040	0.220	0.212	0.00109	0.158	1.000	IMS_ns	16 040	0.220	0.212	0.00109	0.158	1.000

注：本表中所指的行业为一位行业门类；IMS_n 指分年度行业市场份额，IMS_ns 指分年度分省行业市场份额。

表 4.2 全国（总所）、区域（分所）行业专长

	$ISA1_{CIT}$					$ISA2_{CIT}$		
$ISA1_{NAT}$	0	1	合计		$ISA2_{NAT}$	0	1	合计
0	10 277	3 879	14 156		0	9 643	2 341	11 984
1	998	886	1 884		1	2 503	1 553	4 056
合计	11 275	4 765	16 040		合计	12 146	3 894	16 040

注：$ISA1_{NAT}$ 指按行业领导者法认定的全国（总所）层面行业专长审计师，$ISA1_{CIT}$ 指按行业领导者法认定的区域（分所）层面行业专长审计师，$ISA1_{BOTH}$ 指审计师同时为全国（总所）层面和区域（分所）层面的行业专长审计师（也即 $ISA1_{NAT}=1$ 且 $ISA1_{CIT}=1$）；$ISA2_{NAT}$ 指按行业领先法认定的全国（总所）层面行业专长审计师，$ISA2_{CIT}$ 指按行业领先法认定的区域（分所）层面行业专长审计师，$ISA2_{BOTH}$ 指审计师同时为全国（总所）层面和区域（分所）层面的行业专长审计师（也即 $ISA2_{NAT}=1$ 且 $ISA2_{CIT}=1$）。

表 4.3 分行业全国（总所）、区域（分所）行业专长

行业代码 C	公司数量	ISA1$_{NAT}$ 0	ISA1$_{NAT}$ 1	ISA1$_{CIT}$ 0	ISA1$_{CIT}$ 1	ISA1$_{BOTH}$ 0	ISA1$_{BOTH}$ 1	ISA2$_{NAT}$ 0	ISA2$_{NAT}$ 1	ISA2$_{CIT}$ 0	ISA2$_{CIT}$ 1	ISA2$_{BOTH}$ 0	ISA2$_{BOTH}$ 1
A	164	141	23	79	85	152	12	91	73	71	93	110	54
B	311	288	23	200	111	288	23	269	42	175	136	273	38
C	10 744	9 525	1 219	7 779	2 965	10 299	445	8 198	2 546	8 786	1 958	10 018	726
D	601	558	43	361	240	578	23	451	150	304	297	507	94
E	429	410	19	299	130	410	19	381	48	259	170	397	32
F	943	874	69	573	370	895	48	758	185	548	395	856	87
G	469	417	52	353	116	441	28	322	147	337	132	397	72
H	12	4	8	4	8	4	8	0	12	0	12	0	12
I	947	814	133	642	305	860	87	622	325	695	252	807	140
K	889	737	152	671	218	806	83	669	220	683	206	803	86
L	183	154	29	124	59	165	18	105	78	126	57	134	49
M	45	31	14	30	15	36	9	9	36	26	19	29	16
N	50	39	11	24	26	40	10	11	39	17	33	23	27
Q	18	5	13	5	13	5	13	0	18	3	15	3	15
R	136	103	33	83	53	118	18	58	78	71	65	83	53
S	99	56	43	48	51	57	42	40	59	45	54	47	52
合计	16 040	14 156	1 884	11 275	4 765	15 154	886	11 984	4 056	12 146	3 894	14 487	1 553

注：表中所指的行业为一位行业门类；ISA1$_{NAT}$、ISA1$_{CIT}$、ISA1$_{BOTH}$ 分别指按行业者认定的全国（总所）层面行业专长审计师、区域（分所）层面行业领先法认定行业专长审计师以及同时为全国（总所）层面和区域（分所）层面行业专长审计师；ISA2$_{NAT}$、ISA2$_{CIT}$、ISA2$_{BOTH}$ 分别指按行业领先法认定的全国（总所）层面行业专长审计师、区域（分所）层面行业专长审计师以及同时为全国（总所）层面和区域（分所）层面行业专长审计师。

第 4 章　行业专长审计师能否提高审计质量：基于全国总所与区域分所的分析　　67

表 4.4　分年度全国（总所）行业专长领域

Panel A：全国（总所）行业专长审计师专长领域（行业领导者法）

会计师事务所	2007	2008	2009	2010	2011	2012	2013	2014	2015
安永华明	E	CL	C						
毕马威华振	C		BD	BD	B	BD			D
德勤华永		E	E	E	E			E	
国富浩华						L			
华普天健				M					
立信	KS	FKS	FKS	FKS	CFKQS	CIKQRS	CIKQRS	CIKQS	CIKLMNQS
利安达			L	L					
普华永道中天	BDFGI	BDGI	G	G	DG	EFG	BEFG	BFG	BFG
瑞华							ADL	ADLR	AR
上会			M		M				
天衡								M	
天健	L		I	CIR	ILR	A			
天职国际	A	A	R				N		
信永中和			A	A	A	A	H	HN	H
致同						H	M		
众华					M	M			
众华沪银				N					
众环						N			
众环海华							N		

续表

Panel B: 全国（总所）行业专长审计师专长领域（行业领先法）

会计师事务所	2007	2008	2009	2010	2011	2012	2013	2014	2015
安永华明	EG	CEGL	EGL	EGL	EG	EG	FG	E	E
毕马威华振	BDGK	BGK	BDG	BDG	BDG	BDG	BDG	B	BD
大华						L	IL	LM	L
大信									AN
德勤华永	E	E	E	E	EK	E	BE	DE	E
国富浩华						L			
华普天健	S	S	M	M	M	M	M	N	N
江苏公证天业			S	S	S	S	S	S	S
京都	I		I						
京都天华		I			I				
开元信德		A							
立信	KS	FKS	FKMS	FKMNRS	CFIKM	CFGHIKM	CDFGHIKM	CDFHIKLM	CDEFGHIK
					NQRS	NQRS	NQRS	NQRS	LMNQS
利安达	L	L	EL	L	L				
南方民和	BDFGI	BCDGI	BDG	BEG	BDEFG	BEFG	BEFG	BEFG	BEFG
普华永道中天							ACDGIK	ACDGI	ACDGI
瑞华							LMRS	LMRS	KLRS
上会					M				
天恒信	A	A	M	M					
天衡						ACILQR	ACILQR	M	M
								ACLQR	ACIQR
天健	L	FKS	AILR	AILR	AILQR				

第4章　行业专长审计师能否提高审计质量：基于全国总所与区域分所的分析 | 69

续表

Panel B: 全国（总所）行业专长审计师专长领域（行业领先法）

会计师事务所	2007	2008	2009	2010	2011	2012	2013	2014	2015
天健正信			R	F					
天职国际	A		R	LR		N	N		NS
五洲联合									
信永中和	A	A	A	A	AN	AN	N	N	KN
致同						AFHIN	AFHIN	AFHIMN	AFH
中瑞岳华		DG	DCR	DG	DGRS	DCMRS			
中审	S								
中审亚太					A				A
中审众环				N	N	N	MN		M
众环海华	A								
众华沪银						M			

注：1. A农、林、牧、渔业；B采矿业；C制造业；D电力、热力、燃气及水生产和供应业；E建筑业；F批发和零售业；G交通运输、仓储和邮政业；H住宿和餐饮业；I信息传输、软件和信息技术服务业；J金融业；K房地产业；L租赁和商务服务业；M科学研究和技术服务业；N水利、环境和公共设施管理业；O居民服务、修理和其他服务业；P教育；Q卫生和社会工作；R文化、体育和娱乐业；S综合。

2. 分年度分省分行业认定的专长审计师及其专长行业较多，本文未予给出，感兴趣的读者可以自行计算。

4.3.3 行业专长审计师界定

(1) 审计师行业专长度量方法

文献中常用的识别审计师行业专长的方法有：行业市场份额基础(Industry Market Share，IMS)、行业组合份额①基础(Industry Portfolio Share，IPS)、加权市场份额基础(Weighted Market Share，WMS)。根据以往文献的观点，行业市场份额法较适合捕捉审计质量的提高，原因正如 De Angelo(1981)认为的那样，规模较大的会计师事务所面临更大的声誉损失风险，因此本文采用该法衡量审计师行业专长。这种方法最早由 Zeff 和 Fossum(1967)提出，用于衡量美国审计市场的行业结构，随后的文献多沿用了该法。具体做法上则略有差异，这种方法的一般计算公式为：

$$\text{IMS}_{ik} = \frac{\sum_{j=1}^{J_{ik}} \text{AF}_{ijk}}{\sum_{i=1}^{I_k} \sum_{j=1}^{J_{ik}} \text{AF}_{ijk}} \quad (4.1)$$

其中：i 指审计师(会计师事务所、项目合伙人)；

j 指客户；

k 指客户所在行业；

I_k 指 k 行业中审计师的数量；

J_{ik} 指审计师 i 在 k 行业的审计客户数量；

AF_{ijk} 指审计师 i 对 k 行业审计客户 j 的审计收费(早期研究多采用客户总资产、客户销售收入、客户数量，以及客户总资产、客户销售收入的平方根，审计收费信息强制披露之后，则主要使用审计收费指标)；

IMS_{ik} 指在 k 行业审计师 i 所占的市场份额。

(2) 审计师行业专长度量层次与基础

早期的研究认为"国际 N 大"事务所之间通过塑造行业专家形象以彼此区分，通常在总所层面度量行业专长，并且假设行业知识能够在总所与分所之间转移。但 Ferguson 等(2003)提出一个开创性的研究设计，发现只有当同时是总所和分所层面行业专长审计师时才会获得专长溢价，而当仅仅是总所层

---

① 也即客户组合份额，是以审计师为基础的一种行业专长认定方法。

面的行业专长审计师时,不能获得专长溢价。有证据表明,对行业专长的分析应该以分所为基础,虽然存在地区以及"国际 N 大"分权化程度的差异,来自美国市场的证据(Francis et al., 2005)、英国市场的证据(Basioudis and Francis, 2007)都支持分所层面的观点。因此,本文沿用 Basioudis 和 Francis (2007)、Reichelt 和 Wang (2010)、Fei (2014)、Bills 等(2015)、陈胜蓝和马慧(2015)等的研究设计,在全国(总所)、区域(分所)两个层面界定。全国层面行业专长审计师基于审计收费基础计算的审计师年度行业市场份额认定(Hogan and Jeter, 1999; Reichelt and Wang, 2010; Audousset-Coulier et al., 2016);区域层面行业专长审计师基于审计收费基础计算的各省级行政区域内审计师年度行业市场份额认定(Basioudis and Francis, 2007; Lim and Tan, 2010; Minutti-Meza, 2013; Fei, 2014)。

计算行业市场份额时基础变量的选择问题,在早期的文献中并不统一,常用的有客户总资产、客户销售收入、客户数量等指标,2000 年以后大多数国家逐步开始强制披露审计收费,主流文献转为采用审计收费指标。原因正如 DeFond 等(2000)强调的,以审计费用为基础度量市场份额,这与常常按照行业产出定义市场份额的产业经济学文献一致。采用审计费用作为基础计算市场份额比采用客户总资产、客户销售收入更科学,因为审计收费能更好地反映审计师付出的努力(Audousset-Coulier et al., 2016)。

因此,本文主检验采用审计收费,稳健性检验则采用总资产平方根、销售收入基础的行业市场份额。

(3) 行业专长审计师的认定

行业市场份额是一个连续变量,代表审计师的专长程度。当把其作为离散变量使用,则存在如何确定一个合理的门槛,从而把审计师区分为行业专长审计师和非行业专长审计师两类。文献中常用的认定方法为行业领导者法,通常把行业市场份额最大的审计师定义为行业专长审计师。Zeff 和 Fossum (1967)最早在研究审计市场结构的文献中,提出了市场领导者为市场份额最大且与第二名的差距大于或等于10%的审计师,这实际上就是行业领导者法,随后一些文献采用该法。另外一种为行业领先法,通常把行业市场份额、加权市场份额前两名或前三名的审计师定义为行业专长审计师,把行业组合份额前两名或前三名的行业界定为审计师的专长行业。Schiff 和 Fried(1976)提出行业专长审计师应该符合以下两个条件之一:比其他审计师的客户数量多10%,或者在某行业按客户销售收入计算的市场份额大于等于25%。Palmrose(1986)则把每个行业最大的服务供应商(指会计师事务所)认定为行业专长审计师;但如果第一名和第二名差距不大,而前两名与第三名及以后的审计师差距较大,则把前两名认定为行业专长审计师;如果前三名差距不大,而与第四名及以后的审计师差距较大,则把前三名认定为行业专长审计师。以此类推,这实际上就是行业领先法。

因此,本文同时采用:①行业领导者法,把行业市场份额最大(分全国、区域)的审计师定义为行业专长审计师(Industry Specialist Auditors, ISA);②行业领先法,全国层面行业市场份额大于等于10%认定为全国层面行业专长审计师,区域层面行业市场份额大于等于30%认定为区域层面行业专长审计师。

4.4 操控性应计模型

在担任美国证券交易委员会(SEC)主席期间,Levitt(1998)对美国国内上市公司报告盈余的质量提出了批评,指出有的公司为了达到盈余目标而玩弄数字游戏或者进行激进的盈余管理①,认为这会从根本上逐渐削弱会计的可靠性,降低投资者对资本市场的信心。

盈余管理通常是指管理层在盈余确认之前对企业经营、投资、融资等活动施加影响,或者在盈余实际发生后,通过选择不同会计处理方法影响盈余数据及其解释(罗尼等,2014)。盈余管理对盈余质量的影响不能被直接观察到,因此,研究者大多采用替代的方法,根据盈余数字的统计属性和特征推断盈余质量,进而代理审计质量(Schipper and Vincent, 2003)。本文采用两种应用较广泛的基于应计基础的盈余操控度量方法:操控性应计(Discretionary Accruals, DAC)、达到或超过盈余门槛。其中:操控性应计,也即异常应计来源于对"期望盈余"的计量经济学估计,代表了管理者为达成战略盈余目标而进行盈余操纵的程度(DeFond and Jiambalvo, 1994; Dechow et al., 1995; Kothari

---

① 实际上,盈余管理是管理层决策的集合,它可能是有益的,如释放企业长期价值的信号;可能是有害的,隐瞒企业短期或长期价值;也可能是中性的,揭示企业短期的实际业绩(Ronen and Yaari, 2014)。

et al. , 2005)。

4.4.1 研究设计

(1) 样本选择与数据来源

计算操控性应计的初始数据为 2005~2016 年沪深 A 股上市公司 27 665 个样本(公司/年),依次剔除以下样本:①删除金融业样本 664 条[1],行业编码为 J66、J67、J68、J69;②删除行业或年度缺失的样本 924 条;③删除 2005、2006、2016 年样本 6 123 条[2];④删除前移一期经营现金流量经滞后一期总资产平减(CFO_F_pj)缺失的样本 2 091 条;⑤删除分年度分行业样本数小于等于 8 个的样本 402 条[3],最后剩余样本量为 17 461 条。分年度分行业回归取回残差,即为操控性应计。

主回归[4]的初始样本为计算操控性后剩余样本 17 461 条,经以下处理:①匹配行业专长审计师认定数据(最终样本为 16 040 条),删除不匹配的样本 3 213 条[5];②匹配控制变量[6],删除数据有缺失的样本 2 455 条,最终剩余 14 632 条样本。

(2) 因变量与解释变量定义

汇总性应计盈余管理估计模型[7]的基本思想是如何把总应计额区分为非操控部分(正常部分)和操控部分(异常部分),具体做法是先估计出正常应计盈余,然后用总应计额减去正常应计盈余,差额即为操控性应计。这类估计模型很多,本文主检验采用修正 Jones 模型[8](Modified Jones Model)、业绩调整的

---

[1] 因为金融业财务指标与其他行业显著不同,如经营现金流量、销售收入、应收账款等,缺失值较多。

[2] 因为需要计算滞后一期、前移一期以及一阶差分等指标,因此加入了 2005、2006、2016 年数据,这几年数据有较多缺失值,后续模型回归无法使用,因此主要指标计算完成后删除。

[3] 操控性应计模型需要分行业分年度回归,数据量小于等于 8 条,会导致回归结果偏误。

[4] 指操控性应计模型。

[5] 匹配后总记录数变为 18 881 条,删除 3 213 条后,剩余 15 668 条。

[6] 匹配后样本为 17 087 条。

[7] 盈余管理主要分为应计和真实盈余管理两大类,其中:应计盈余管理又分为基于汇总性应计和基于特定项目应计两类(McNichols, 2000, JAPP)。本文采用文献中常用的基于汇总性应计的盈余管理估计模型。

[8] 实际上,修正的 Jones 模型又分为两类:时间序列修正 Jones 模型(time-series modified Jones model)和横截面修正 Jones 模型(cross-sectional modified Jones model)。本文中采用文献中常用的横截面修正 Jones 模型。

修正 Jones 模型①(Performance-adjusted Modified Jones Model);稳健性检验中采用 DD 模型、McNichols 模型。对这些模型分年度分行业回归后的残差即为反映盈余质量的操控性应计(Discretionary Accruals, DA)。

修正 Jones 模型由 Dechow 等(1995)在 Jones 模型②的基础上,考虑收入确认受到操控的情形提出的(Dechow et al., 1995),公式如下:

$$\frac{TA_{i,t}}{A_{i,t-1}} = \alpha_i \left(\frac{1}{A_{i,t-1}}\right) + \beta_{1i}\left(\frac{\Delta REV_{i,t} - \Delta REC_{i,t}}{A_{i,t-1}}\right) + \beta_{2i}\left(\frac{PPE_{i,t}}{A_{i,t-1}}\right) + \varepsilon_{i,t} \quad (4.2)$$

其中:$TA_{i,t}$ 为公司 i 当年度的总应计利润(等于净利润减去经营活动现金流);$A_{i,t-1}$ 为公司 i 滞后一期的总资产;$\Delta REV_{i,t}$ 为公司 i 销售收入③变化(本期减去上期后的差额);$\Delta REC_{i,t}$ 为公司 i 应收账款的变化(年末减去年初后的差额);PPE_{it} 为公司 i 当期期末财产、厂房、机器设备等固定资产总额④;i、t 分别表示公司 i、年度 t。

业绩调整的修正 Jones 模型由 Kothari 等(2005)提出,对修正 Jones 模型做了两处修改:增加了常数项和滞后一期的资产回报率(ROA),前者是为了进一步降低模型异方差⑤,后者是为了控制会计业绩的影响(Kothari et al., 2005),公式如下:

$$\frac{TA_{i,t}}{A_{i,t-1}} = \alpha_0 + \alpha_i \left(\frac{1}{A_{i,t-1}}\right) + \beta_{1i}\left(\frac{\Delta REV_{i,t} - \Delta REC_{i,t}}{A_{i,t-1}}\right) + \beta_{2i}\left(\frac{PPE_{i,t}}{A_{i,t-1}}\right) + \delta_i ROA_{i,t-1} + \varepsilon_{i,t}$$

(4.3)

其中:α_0 为常数;$ROA_{i,t-1}$ 为公司 i 滞后一期的资产收益率⑥,资产收益率=(利润总额+财务费用)/平均资产总额,平均资产总额=(资产合计期末余额+资产合计期初余额)/2。

---

① 对修正 Jones 模型的改进有两种方法:一种是采用线性业绩配对,即业绩调整的修正 Jones 模型,另一种是与类似公司配对,即业绩匹配的方法。本文中采用文献中常用的前者。

② 由 Jones 在 1991 年提出,模型为:$\frac{TA_{i,t}}{A_{i,t-1}} = \alpha_i \left(\frac{1}{A_{i,t-1}}\right) + \beta_{1i}\left(\frac{\Delta REV_{i,t} - \Delta REC_{i,t}}{A_{i,t-1}}\right) + \beta_{2i}\left(\frac{PPE_{i,t}}{A_{i,t-1}}\right) + \varepsilon_{i,t}$,详见(Jones, 1991, JAR)。

③ 国外文献中常用销售收入(Sales Revenue),国内相对应的概念为主营业务收入,基本一致。

④ 特别注意的是,由于 TA 包含折旧费用,所以这里的 PPE 为固定资产总额,而非净额概念。

⑤ 也可以不加常数项;如果仅从计量经济学的角度看,并不需要加入额外的常数项 α_0。

⑥ 由于正常应计受经营业绩的影响,故易控制盈利能力 $ROA_{i,t-1}$ 或 $ROA_{i,t}$;另外,资产收益率也可以采用净资产收益率 ROE,净资产收益率=净利润/股东权益平均余额。

DD 模型由 Dechow 和 Dichev(2002)提出，其基本思想是正常应计应该是由过去、现在、未来的现金流量决定(Dechow and Dichev, 2002)，公式如下：

$$\Delta WC_{i,t} = \alpha_0 + \beta_1 CFO_{i,t-1} + \beta_2 CFO_{i,t} + \beta_3 CFO_{i,t+1} + \varepsilon_{i,t} \quad (4.4)$$

其中：$\Delta WC_{i,t}$ 为非现金营运资本变化①(本期减去上期后的差额)，定义为流动资产(扣除货币资金)减去流动负债(扣除一年内到期的长期负债)；CFO 为经营活动现金流量净额；以上所有变量均用滞后一期的总资产($A_{i,t-1}$)平减。

McNichols(2002)基于 Jones 模型和 DD 模型，提出了一种相结合的模型(McNichols, 2002)，即 McNichols 模型，公式如下：

$$\Delta WC_{i,t} = \alpha_0 + \beta_1 CFO_{i,t-1} + \beta_2 CFO_{i,t} + \beta_3 CFO_{i,t+1} + \beta_4 \Delta REV_{i,t} + \beta_5 PPE_{i,t} + \varepsilon_{i,t} \quad (4.5)$$

其中：变量含义同前三个公式。

行业专长审计师的认定：见第五章行业专长审计师界定。

(3) 回归模型设定

为了检验行业专长审计师对上市公司盈余管理是否有抑制作用，也即能否提高盈余质量，利用操控性应计绝对值对三个行业专长审计师变量回归，并参考先前研究控制了相关变量(Chi and Chin, 2011; Chen et al., 2011; Audousset-Coulier et al., 2016; Minutti-Meza, 2013)，具体变量界定详见表 4.5。

$$\begin{aligned} ABS(DA) = & \beta_0 + \beta_1 ISA_{NAT} + \beta_2 ISA_{LOC} + \beta_3 ISA_{NAT} \times ISA_{LOC} + \beta_4 ABS(TA_1) + \beta_5 SOE \\ & + \beta_6 MTB + \beta_7 LOSS + \beta_8 LEV + \beta_9 Quickratio + \beta_{10} CFO_{pj} + \beta_{11} Salesgrowth \\ & + \beta_{12} AGE + \text{Industry Fixed Effect} + \text{Year Fixed Effect} + \varepsilon_i \quad (4.6) \end{aligned}$$

其中：ABS(DA)指操控性应计绝对值，具体包括 ABS(DA_ADJ)、ABS(DA_PERADJ)、ABS(DA_DD)、ABS(DA_McN)；$ISA1_{NAT}$ 为虚拟变量，当审计师为全国(总所)层面行业专长审计师时取值为 1，其他为 0；$ISA1_{LOC}$ 为虚拟变量，当审计师为区域(分所)层面行业专长审计师时取值为 1，其他为 0；$ABS(TA_1)$ 为滞后一期的总应计(Total accruals)经滞后一期的总资产平减；SOE 为虚拟变量，当实际控制人为国有企事业单位时取 1，其他为 0；MTB 为托宾 Q 值；LOSS 为虚拟变量，企业当年度亏损时取 1，其他为 0；LEV 为资产负债率；

---

① Dechow & Dichev(2002)原文中指营运资本变动额，定义为应收账款变化加上存货变化减去应付账款的变化减去应付税款的变化加上其他流动资产的变化的总和。

Quickratio 为速动比率；CFO_pj 为经营现金流量经滞后一期总资产平减；Salesgrowth 为销售增长率；AGE 为首次公开发行并上市(IPO)至样本年度年数的自然对数；Industry/year 为行业、年度虚拟变量。

变量详细定义具体见表 4.5。

表 4.5 主要变量及控制变量一览表

变量简称	变量定义
DA	操控性应计，具体包括 DA_ADJ、DA_PERADJ、DA_DD、DA_McN
DA_ADJ	修正 Jones 模型的回归残差(Dechow et al., 1995)
DA_PERADJ	业绩调整的修正 Jones 模型回归残差(Kothari et al., 2005)
DA_DD	DD 模型的回归残差(Dechow & Dichev, 2002)
DA_McN	McNichols 模型的回归残差(McNichols, 2002)
ABS(DA)	操控性应计绝对值，具体包括 ABS(DA_ADJ)、ABS(DA_PERADJ)、ABS(DA_DD)、ABS(DA_McN)
ISA1	行业领导者法定义的行业专长审计师。全国(总所)层面行业专长审计师定义为总所层次以审计费用为基础的分年度分行业的审计市场份额最大者；区域(分所)①层面行业专长审计师定义为省级行政区区域内以审计费用为基础的分年度分行业的审计市场份额最大者(稳健性检验中采用总资产的平方根、销售收入)
$ISA1_{NAT}$	虚拟变量，当审计师为全国(总所)层面行业专长审计师时取值为 1，其他为 0
$ISA1_{LOC}$	虚拟变量，当审计师为区域(分所)层面行业专长审计师时取值为 1，其他为 0
ISA2	行业领先法定义的行业专长审计师。全国(总所)层面行业专长审计师定义为总所层次以审计费用为基础的分年度分行业的审计市场份额大于等于 10%；区域(分所)层面行业专长审计师定义为省级行政区区域内以审计费用为基础的分年度分行业的审计市场份额大于等于 30%(稳健性检验中采用总资产的平方根、销售收入)

---

① 文献中常用 CITY(OFFICE)表示，根据我国实际情况，本文采用的实际是省级 PROVINCE(LOCAL)层面，故采用用 ISA_{LOC} 表示。

续表

变量简称	变量定义
$ISA2_{NAT}$	虚拟变量,当审计师为全国(总所)层面行业专长审计师时取值为1,其他为0
$ISA2_{LOC}$	虚拟变量,当审计师为区域(分所)层面行业专长审计师时取值为1,其他为0
$ABS(TA\_1)$	滞后一期的总应计(Total accruals)经滞后一期的总资产平减
SOE	虚拟变量,当实际控制人①为国有企事业单位②时取1,其他为0;实际控制人认定的依据为上市公司年报中披露的实际控制人
MTB	托宾Q值,市值A/资产总计;(总股本-境内上市的外资股B股)×今收盘价A股当期值+境内上市的外资股B股×B股今收盘价当期值×当日汇率
LOSS	虚拟变量,企业当年度亏损时取1(净利润<0),其他为0
LEV	资产负债率,负债/总资产
Quickratio	速动比率,定义为(流动资产-存货)/流动负债
CFO_pj	经营现金流量经滞后一期总资产平减
Salesgrowth	销售增长率,定义为(本年度销售收入-上年度销售收入)/上年度销售收入
AGE	首次公开发行并上市(IPO)至样本年度年数的自然对数
Industry/year dummy	行业、年度虚拟变量

① 实际控制人的认定标准:按照《上市公司收购管理办法》的标准,如果有下列情形之一的,构成对一个上市公司的实际控制:(一)在一个上市公司股东名册中持股数量最多的,但是有相反证据的除外;(二)能够行使、控制一个上市公司的表决权超过该公司股东名册中持股数量最多的股东的;(三)持有、控制一个上市公司股份、表决权的比例达到或者超过30%,但是有相反证据的除外;(四)通过行使表决权能够决定一个上市公司董事会半数以上成员当选的;(五)中国证监会认定的其他情形。

② 根据国泰安CSMAR股东数据库中企业关系人性质分类标准,代码为1100国有企业、2000行政机关或事业单位、2100中央机构、2120地方机构时认定为国有控股,SOE取1。

4.4.2 实证结果

(1) 描述性统计量

表4.6为主要变量的描述性统计量。其中：表4.6 Panel A 为因变量、解释变量以及控制变量的全本描述性统计量，总样本数为14 632 条；DA_ADJ、DA_PERADJ、DA_DD、DA_McN 分别为修正 Jones 模型、业绩调整的修正 Jones 模型、DD 模型、McNichols 模型计算的操控性应计[①]，其均值（方差）分别为 0.0883(0.126)、0.0338(0.152)、0.0838(0.145)、0.114(0.147)，与相关文献中数值基本一致；$ISA1_{NAT}$、$ISA1_{LOC}$ 的均值分别为0.113、0.318 表明行业领导者法认定的全国（总所）、区域（分所）专长审计师的审计客户占样本中上市公司的 11.3%、31.8%，$ISA1_{BOTH}$ 的均值为 0.0538，则表示聘用了同时为全国（总所）、区域（分所）专长审计师的上市公司约占 5.38%；$ISA2_{NAT}$、$ISA2_{LOC}$、$ISA2_{BOTH}$ 的均值分别为 0.247、0.287、0.104，可见行业领先法认定的全国（总所）专长审计师较行业领导者法多(24.7%与11.3%)，区域（分所）专长审计师则基本一致(28.7%与31.8%)，同时全国（总所）、区域（分所）专长审计师也有一定差异(10.4%与5.38%)。总体上看，行业专长审计师审计的客户较非专长审计师要少，这在一定程度上也取决于行业专长审计师的认定方法。

其他变量，如 SOE 的均值为 0.477，表明样本中控制权性质为国有的上市公司为 47.7%；LOSS 的均值为 0.101，表明样本中亏损的（利润总额为负）上市公司约占 10.1%；LEV、Quickratio 的均值为 0.463、1.735，表明样本上市公司的平均资产负债率、速动比率分别为 46.3%、173.5%；Salesgrowth 的均值为 0.197，表明平均的销售增长率为 19.7%；AGE 的最小值为 2，中位数为 16，最大值为 27，则分别指样本中上市公司上市年数最少为 2 年，最大为 27 年，居于中间的公司上市年数为 16 年。

表4.6 Panel B 为因变量、控制变量的分组描述性统计量。分行业领导者法(B-1)和行业领先法(B-2)进行了列示，其中每种方法又进一步分为行业专长组与非行业专长组，变量的含义及分析同以上全样本分析类似。

[①] 其绝对值 ABS(DA_ADJ)、ABS(DA_PERADJ)、ABS(DA_DD)、ABS(DA_McN) 读者可自行计算，出于简洁表中未予给出。

表 4.6　因变量、解释变量以及控制变量的描述性统计量

PanelA：因变量、解释变量以及控制变量的全样本描述性统计量

Variable	N	Mean	Std. Dev.	Min	Median	Max
DA_ADJ	14 632	0.088 3	0.126 0	−0.212 0	0.072 7	0.701 0
DA_PERADJ	14 632	0.033 8	0.152 0	−0.338 0	0.023 0	0.772 0
DA_DD	14 632	0.083 8	0.145 0	−0.428 0	0.083 6	0.714 0
DA_McN	14 632	0.114 0	0.147 0	−0.366 0	0.113 0	0.772 0
$ISA1_{NAT}$	14 632	0.113 0	0.316 0	0.000 0	0.000 0	1.000 0
$ISA1_{LOC}$	14 632	0.318 0	0.466 0	0.000 0	0.000 0	1.000 0
$ISA1_{BOTH}$	14 632	0.053 8	0.226 0	0.000 0	0.000 0	1.000 0
$ISA2_{NAT}$	14 632	0.247 0	0.431 0	0.000 0	0.000 0	1.000 0
$ISA2_{LOC}$	14 632	0.287 0	0.453 0	0.000 0	0.000 0	1.000 0
$ISA2_{BOTH}$	14 632	0.104 0	0.305 0	0.000 0	0.000 0	1.000 0
ABS(TA_1)	14 632	0.066 0	0.179 0	0.000 0	0.042 8	10.150 0
SOE	14 632	0.477 0	0.499 0	0.000 0	0.000 0	1.000 0
MTB	14 632	2.237 0	2.097 0	0.208 0	1.615 0	12.390 0
LOSS	14 632	0.101 0	0.302 0	0.000 0	0.000 0	1.000 0
LEV	14 632	0.463 0	0.220 0	0.049 0	0.463 0	1.035 0
Quickratio	14 632	1.735 0	2.370 0	0.122 0	0.988 0	15.690 0
CFO_pj	14 632	0.055 4	0.208 0	−6.853 0	0.049 1	11.500 00
Salesgrowth	14 632	0.197 0	0.545 0	−0.617 0	0.109 0	3.866 0
AGE	14 632	14.760 0	6.239 0	2.000 0	16.000 0	27.000 0

Panel B-1：因变量、控制变量的分组描述性统计量(行业领导者法)

Variables	$ISA1_{NAT}=0$ (N=12 981) Mean	Std. Dev.	$ISA1_{NAT}=1$ (N=1 651) Mean	Std. Dev.	$ISA1_{LOC}=0$ (N=9 979) Mean	Std. Dev.	$ISA1_{LOC}=1$ (N=4 653) Mean	Std. Dev.
DA_ADJ	0.089 0	0.127	0.083 0	0.120	0.092 9	0.127	0.078 5	0.122
DA_PERADJ	0.035 5	0.153	0.020 7	0.148	0.038 7	0.155	0.023 4	0.146
DA_DD	0.082 3	0.144	0.095 6	0.145	0.084 9	0.145	0.081 6	0.143
DA_McN	0.113	0.147	0.125	0.148	0.115	0.148	0.112	0.146
ABS(TA_1)	0.067 2	0.188	0.057 0	0.065 3	0.065 9	0.154	0.066 3	0.223
SOE	0.484	0.500	0.424	0.494	0.474	0.499	0.483	0.500
MTB	2.217	2.086	2.390	2.174	2.324	2.166	2.050	1.927
LOSS	0.104	0.306	0.077 5	0.268	0.107	0.310	0.088 3	0.284
LEV	0.467	0.219	0.428	0.222	0.456	0.222	0.477	0.214
Quickratio	1.695	2.323	2.052	2.696	1.820	2.506	1.552	2.036
CFO_pj	0.054 4	0.208	0.063 1	0.204	0.052 6	0.212	0.061 2	0.199
Salesgrowth	0.196	0.546	0.200	0.542	0.197	0.551	0.196	0.532
AGE	14.94	6.178	13.36	6.536	14.77	6.335	14.74	6.031

Panel B-2：分组描述性统计量(行业领先法)

Variables	$ISA2_{NAT}=0$ (N=10 239) Mean	Std. Dev.	$ISA2_{NAT}=1$ (N=3 467) Mean	Std. Dev.	$ISA2_{LOC}=0$ (N=10 315) Mean	Std. Dev.	$ISA2_{LOC}=1$ (N=3 391) Mean	Std. Dev.
DA_ADJ	0.092 6	0.129	0.076 6	0.115	0.092 2	0.126	0.077 5	0.124
DA_PERADJ	0.037 5	0.156	0.021 4	0.140	0.036 6	0.153	0.023 8	0.149
DA_DD	0.083 1	0.143	0.087 3	0.144	0.085 2	0.144	0.081 2	0.142
DA_McN	0.116	0.146	0.111	0.147	0.115	0.147	0.113	0.145
ABS(TA_1)	0.067 5	0.160	0.061 0	0.241	0.065 4	0.175	0.067 2	0.208
SOE	0.488	0.500	0.396	0.489	0.454	0.498	0.499	0.500
MTB	2.200	2.080	2.386	2.129	2.343	2.170	1.958	1.816
LOSS	0.103	0.303	0.092 6	0.290	0.104	0.305	0.089 1	0.285
LEV	0.470	0.218	0.428	0.219	0.451	0.220	0.483	0.214
Quickratio	1.690	2.370	2.004	2.541	1.866	2.553	1.476	1.923
CFO_pj	0.054 6	0.215	0.057 7	0.167	0.052 8	0.197	0.063 0	0.224
Salesgrowth	0.193	0.505	0.170	0.476	0.188	0.499	0.185	0.493
AGE	15.24	6.069	12.84	6.570	14.51	6.389	15.01	5.951

注：行业专长审计师认定中，行业分类为按一级门类分类；

$ISA1_{NAT}$、$ISA1_{CIT}$ 为行业领导者法下认定的全国（总所）、区域（分所）行业专长审计师，$ISA2_{NAT}$、$ISA2_{CIT}$ 为行业领先法下认定的全国（总所）、区域（分所）行业专长审计师；

DA_ADJ、DA_PERADJ、DA_DD、DA_McN 分别为修正 Jones 模型、业绩调整的修正 Jones 模型、DD 模型、McNichols 模型计算的操控性应计，反映盈余管理程度，也即盈余质量；

本表中操控性应计（DA_ADJ、DA_PERADJ、DA_DD、DA_McN）为原始数据，出于简洁的考虑，未列示取绝对值后的描述性统计量。

（2）相关性分析

表 4.7 为变量之间的相关系数表。ABS(DA_ADJ) 与 $ISA1_{NAT}$、$ISA1_{LOC}$、$ISA1_{BOTH}$ 的 Pearson 相关系数分别为 -0.056、-0.044、-0.044，均在 1% 的显著性水平上显著；ABS(DA_PERADJ) 与 $ISA1_{NAT}$、$ISA1_{LOC}$、$ISA1_{BOTH}$ 的 Pearson 相关系数分别为 -0.014、-0.039、-0.018，分别在 10%、1%、5% 的显著性水平上显著，表明修正 Jones 模型、业绩调整的修正 Jones 模型衡量的操控性应计绝对值与行业专长审计师负相关，也就是说行业专长审计师审计的客户相对非行业专长审计师有更低的操控性应计波动，更低的盈余管理程度，也即更高的盈余质量，初步验证了假设一。

主要变量与其他控制变量的系数也基本符合预期。如 ABS(DA_ADJ) 与 SOE 的相关系数为 -0.159，表明控制权属性为国有的上市公司盈余管理程度更低，盈余质量更高；ABS(DA_ADJ) 与 MTB、LEV、Quickratio、Salesgrowth 的系数分别为 0.259、0.031、0.068、0.052，表示市账率、资产负债率、速动比率、销售增长率较高的上市公司盈余管理程度更高，盈余质量更低；ABS(DA_ADJ) 与 AGE 的相关系数为 -0.021，表明上市时间更长的公司盈余管理程度更低，盈余质量更高。对 ABS(DA_PERADJ)、ABS(DA_DD)、ABS(DA_McN) 的分析类似，但后两者与行业专长审计师的系数较不显著。

表 4.7 相关系数表

	ABS(DA_ADJ)	ABS(DA_PERADJ)	ABS(DA_DD)	ABS(DA_McN)	ISA1_NAT	ISA1_LOC	ISA1_BOTH	ABSTA_1	SOE	MTB	LOSS	LEV	Quick ratio	CFO_pj	Sales growth	AGE
ABS(DA_ADJ)		0.417***	0.208***	0.198***	-0.030***	-0.076***	-0.056***	0.091***	-0.174***	0.295***	-0.062***	-0.161***	0.154***	-0.383***	0.211***	-0.085***
ABS(DA_PERADJ)	0.651***		0.141***	0.116***	-0.015*	-0.042***	-0.019**	0.164***	-0.064***	0.201***	0.023	-0.039***	0.034***	-0.117***	0.075***	0.069***
ABS(DA_DD)	0.380***	0.313***		0.761***	0.013	-0.004	0.15	0.084***	-0.078***	0.180***	-0.103***	-0.142***	0.168***	-0.002	0.084***	-0.021**
ABS(DA_McN)	0.356***	0.282***	0.861***		0.018**	-0.004	0.015*	0.061***	-0.098***	0.179***	-0.184***	-0.174***	0.238***	0.085***	0.244***	-0.043***
ISA1_NAT	-0.024	-0.014*	0.015*	0.017*		0.122***	0.569***	-0.021	-0.038***	0.029	-0.028	-0.057***	0.049***	0.020	0.004	-0.077***
ISA1_LOC	-0.056***	-0.039***	-0.008	-0.008	0.122***		0.349***	-0.011	0.009	-0.067***	-0.029	0.046***	-0.043***	0.039***	0.008	-0.004
ISA1_BOTH	-0.044***	-0.018**	0.012	0.008	0.669***	0.349***		-0.008	0.019**	-0.003	-0.023	-0.011	0.006	0.020**	-0.003	-0.007
ABSTA_1	0.181***	0.196***	0.119***	0.102***	-0.018***	0.001	-0.008		-0.009	0.006	0.044	0.124***	-0.120***	-0.012	-0.024***	0.114***
SOE	-0.159***	-0.060***	-0.099***	-0.107***	-0.038***	0.009	0.019**	-0.026***		-0.302***	0.049***	0.277***	-0.286***	0.021**	-0.056***	0.424***
MTB	0.259***	0.237***	0.141***	0.125***	0.023	-0.036***	0.008	0.153***	-0.155***		-0.037***	-0.542***	0.464***	0.118***	0.080***	-0.229***
LOSS	-0.050***	0.023	-0.076***	-0.142***	-0.028***	-0.029***	-0.023	0.019**	0.049***	0.039		0.199***	-0.207***	-0.209***	-0.261***	0.105***
LEV	0.031***	0.063***	0.003	-0.016*	-0.007	-0.001	-0.008	0.046***	0.037	0.143***	0.097***		-0.788***	-0.149***	0.003	0.385***
Quick ratio	0.068***	0.001	0.075***	0.110***	0.026***	-0.046***	-0.002	-0.022***	-0.170***	0.092***	-0.073***	-0.100***		0.090***	0.053***	-0.422***
CFO_pj	-0.140***	-0.031***	0.015*	0.061***	0.013	0.019**	2.018**	0.003	0.013	0.018**	-0.088***	-0.021***	0.012		0.143***	-0.022***
Sales growth	0.052***	0.055***	0.029***	0.022***	-0.003	0.013	-0.002	-0.001	0.007	-0.003	-0.003	0.001	-0.003	0.003		-0.097***
AGE	-0.021***	0.116***	0.000	-0.021***	-0.080***	-0.002	-0.009	0.073***	0.436***	-0.057***	0.106***	0.107***	-0.234***	0.005	0.010	

注：1. 左下角为 Pearson 相关系数，右上角为 Spearman 相关系数；
2. ***、**、* 分别表示在 1%、5%、10% 的显著性水平上显著（双尾检验）。

(3) 单变量检验

表4.8给出了操控性应计（DA_ADJ、DA_PERADJ）按专长与非专长审计师分组的单变量检验结果。其中：Panel A 为按行业领导者法认定的专长与非专长审计师，全国（总所）层面的客户数分别为 12 981、1 651，区域（分所）层面的客户数分别为 9 979、4 653；Panel B 为按行业领先法认定的专长与非专长审计师，全国（总所）层面的客户数分别为 10 239、3 467，区域（分所）层面的客户数分别为 10 315、3 391。

表 4.8 操控性应计的单变量 T 检验

PanelA:专长与非专长的比较（认定标准为行业领导者），分全国 $ISA1_{NAT}$、区域 $ISA1_{LOC}$ 分析				
$ISA1_{NAT}=0$	$ISA1_{NAT}=1$			
(N=12 981)	(N=1 651)			
Mean		DIFF	T值	P-value
ABS(DA_ADJ) 0.110 239 3	0.101 869 5	0.008 369 7	2.958 3***	0.003 1
ABS(DA_PERADJ) 0.105 764 9	0.100 535 9	0.005 229	1.736 0*	0.082 6
$ISA1_{LOC}=0$	$ISA1_{LOC}=1$			
(N=9 979)	(N=4 653)			
Mean		DIFF	T值	P-value
ABS(DA_ADJ) 0.113 464 4	0.100 352 7	0.013 111 7	6.830 3***	0.000 0
ABS(DA_PERADJ) 0.108 206 8	0.098 672 5	0.009 534 3	4.662 1***	0.000 0
PanelB:专长与非专长的比较（认定标准为行业领先法），分全国 $ISA2_{NAT}$、区域 $ISA2_{LOC}$ 分析				
$ISA2_{NAT}=0$	$ISA2_{NAT}=1$			
(N=10 239)	(N=3 467)			
Mean		DIFF	T值	P-value
ABS(DA_ADJ) 0.113 966 8	0.096 466 4	0.017 500 4	8.239 6***	0.000 0
ABS(DA_PERADJ) 0.108 246 6	0.095 489 6	0.012 757	5.658 4***	0.000 0
$ISA2_{LOC}=0$	$ISA2_{LOC}=1$			
(N=10 315)	(N=3 391)			
Mean		DIFF	T值	P-value
ABS(DA_ADJ) 0.112 465 4	0.100 641 4	0.011 824	5.518 5***	0.000 0
ABS(DA_PERADJ) 0.106 512 1	0.100 479 8	0.006 032 3	2.653 5***	0.008 0

注:1. 行业领导者法为分年度全国、分年度分省份行业市场份额最大者分别认定为全国（总所）、区域（分所）行业专长审计师，行业领先法为按全国市场份额≥10%，区域市场份额≥30%，分别认定；

2. ABS(DA_ADJ)、ABS(DA_PERADJ)分别为修正Jones模型、业绩调整的修正Jones模型计算的操控性应计的绝对值，反映盈余质量；

3. 行业专长审计师认定中，行业分类为按一级门类分类，AIS1为行业领导者法，AIS2为行业领先法；

4. ***、**、*分别表示在1%、5%、10%的显著性水平上显著（双尾检验）。

从 Panel A 中可以看出,全国(总所)层面非专长组的 ABS(DA_ADJ)为 0.110 239 3、专长组为 0.101 869 5,差异为 0.008 369 8,在1%的显著性水平上显著,可知全国(总所)层面非专长组的操控性应计显著大于行业专长组,表明非专长组盈余管理程度更高,盈余质量更低,初步支持了假设一,二者 ABS(DA_PERADJ)的差异为 0.005 229,在10%的显著性水平上显著,同样支持假设一。区域(分所)层面两组样本 ABS(DA_ADJ)的差异为 0.013 111 7、ABS(DA_PERADJ)的差异为 0.009 534 3,均在1%的显著性水平上显著,同样支持了假设一。对 Panel B 的分析类似,无论是全国(总所)层面还是区域(分所)层面 ABS(DA_ADJ)、ABS(DA_PERADJ)在非专长组与专长组之间的差异都在1%的显著性水平上显著,初步支持了假设一。

(4) 多元回归分析

表4.9给出了操控性应计模型的多元回归结果,其中:表4.9 Panel A 为以修正 Jones 模型、业绩调整的修正 Jones 模型计算的操控性应计绝对值为因变量的结果,Panel B、Panel C 分别为以正的操控性应计、负的操控性应计为因变量的结果。

从 Panel A(1)中可以看出,ABS(DA_ADJ)与 $ISA1_{LOC}$、$ISA1_{NAT} \times ISA1_{LOC}$ 负相关,回归系数分别为 -0.009、-0.011,分别在1%、10%的显著性水平上显著,与 $ISA1_{NAT}$ 的回归系数不显著,表明区域(分所)行业专长审计师均有效降低客户的操控性应计(修正 Jones 模型)的波动,抑制管理层盈余管理,提高盈余质量,且全国(总所)专长与区域(分所)专长有协同效应,支持了 H1b、1c。从 Panel A(2)中可以看出,ABS(DA_PERADJ)与 $ISA1_{LOC}$ 的回归系数分别为 -0.007 在1%的显著性水平上显著,与 $ISA1_{NAT}$、$ISA1_{NAT} \times ISA1_{LOC}$ 的回归系数分别为 0.002、-0.003,均不显著,表明区域(分所)行业专长审计师能有效降低客户的操控性应计(业绩调整的修正 Jones 模型)的波动,而全国(总所)专长与非全国(总所)专长审计师之间的差异不显著,全国(总所)专长与区域(分所)专长协同效应不显著,支持了 H1b。对 Panel A(3)、(4)的分析类似。

从表4.9 Panel A(1)、(3)的联合 F 检验中可以看出,以 ABS(DA_ADJ)为被解释变量时,$ISA1_{NAT}$、$ISA1_{LOC}$、$ISA1_{NAT} \times ISA1_{LOC}$ 系数($\beta_1 + \beta_2 + \beta_3$)的联合显著性检验在1%的显著性水平上显著,表明无论是行业领导者法还是行业领先法认定的行业专长审计师都比非专长审计师有更低的操控性应计,更高的盈余质量;以 ABS(DA_PERADJ)为被解释变量,$\beta_1+\beta_2+\beta_3$ 的联合显著性检验也在 5% 的显著性水平上显著,支持了假设一。β_2、β_3 的联合显著性 F 检验在 Panel A(1)、(2)、(3)中均在 1% 的显著性水平上显著,表明区域(分所)专长审计师能够显著抑制企业盈余管理,提高盈余质量,则支持了 H1b。对 Panel A(2)、(4)联合 F 检验的分析类似。

对操控性应计(DA_ADJ、DA_PERADJ)的分符号检验结果(表 4.9 Panel B、Panel C),则与以上操控性应计绝对值的分析基本一致。总体上来说,行业专长审计师比非专长审计师有更高的审计质量(假设一)。其中,区域(分所)行业专长审计师能够有效抑制盈余管理程度,有较高的审计质量(H1b);全国(总所)行业专长审计师能够提高审计质量(H1a)及其与区域(分所)专长审计师存在互补效应(H1c)的证据则不充分。

表 4.9 操控性应计模型的多元回归结果

	Panel A 因变量为操控性应计(DA_ADJ、DA_PERADJ)的绝对值			
	ABS(DA_ADJ)	ABS(DA_PERADJ)	ABS(DA_ADJ)	ABS(DA_PERADJ)
	(1)	(2)	(3)	(4)
$ISA1_{NAT}$	0.000	0.002		
	(0.07)	(0.47)		
$ISA1_{LOC}$	-0.009***	-0.007***		
	(-3.46)	(-2.81)		
$ISA1_{NAT} \times ISA1_{LOC}$	-0.011*	-0.003		
	(-1.76)	(-0.50)		
$ISA2_{NAT}$			-0.006*	-0.005
			(-1.94)	(-1.51)
$ISA2_{LOC}$			-0.006*	-0.007*
			(-1.79)	(-1.90)
$ISA2_{NAT} \times ISA2_{LOC}$			-0.005	0.005
			(-0.92)	(1.05)
ABSTA_1	0.082***	0.094***	0.081***	0.091***
	(4.47)	(3.08)	(4.40)	(3.02)
SOE1	-0.028***	-0.021***	-0.028***	-0.022***
	(-8.77)	(-6.32)	(-8.31)	(-6.34)
MTB	0.007***	0.006***	0.007***	0.006***
	(5.54)	(6.05)	(5.29)	(5.82)

续表

Panel A 因变量为操控性应计(DA_ADJ、DA_PERADJ)的绝对值				
	ABS(DA_ADJ)	ABS(DA_PERADJ)	ABS(DA_ADJ)	ABS(DA_PERADJ)
	(1)	(2)	(3)	(4)
LOSS	-0.021***	-0.001	-0.019***	-0.000
	(-6.27)	(-0.31)	(-5.49)	(-0.06)
LEV	-0.001	0.001	-0.001	0.001
	(-0.28)	(0.69)	(-0.25)	(0.67)
Quickratio	0.001*	0.000	0.001*	0.000
	(1.70)	(0.35)	(1.66)	(0.48)
CFO_pj	-0.074**	-0.019	-0.065*	-0.004
	(-2.25)	(-0.81)	(-1.87)	(-0.19)
Salesgrowth	0.000***	0.000***	0.000*	0.000***
	(13.65)	(7.84)	(1.95)	(3.50)
AGE	-0.000	0.002***	-0.000	0.002***
	(-0.04)	(8.51)	(-0.29)	(8.43)
_cons	0.146***	0.084***	0.151***	0.087***
	(12.47)	(6.60)	(10.55)	(5.56)
Year	控制	控制	控制	控制
Industry	控制	控制	控制	控制
N	14 632	14 632	13 706	13 706
R-Square	0.190	0.123	0.187	0.123
Adj. R-Square	0.19	0.12	0.18	0.12
ISA_{NAT}、ISA_{LOC}、$ISA_{NAT} \times ISA_{LOC}$ 系数联合显著性检验:				
$\beta_1 + \beta_2 + \beta_3$	Prob>F=0.0000	Prob>F=0.0170	Prob>F=0.0001	Prob>F=0.1345
$\beta_1 + \beta_3$	Prob>F=0.0426	Prob>F=0.8683	Prob>F=0.0138	Prob>F=0.2999
$\beta_2 + \beta_3$	Prob>F=0.0000	Prob>F=0.0062	Prob>F=0.0092	Prob>F=0.1647

续表

Panel B 因变量为操控性应计(DA_ADJ、DA_PERADJ)分符号检验(行业领导者法)				
	DA_ADJ>0	DA_ADJ<0	DA_PERADJ>0	DA_PERADJ<0
	(1)	(2)	(3)	(4)
$ISA1_{NAT}$	0.001	0.001	0.003	-0.003
	(0.27)	(0.31)	(0.55)	(-0.56)
$ISA1_{LOC}$	-0.009***	0.001	-0.010***	0.001
	(-3.12)	(0.31)	(-2.71)	(0.59)
$ISA1_{NAT} \times ISA1_{LOC}$	-0.013*	0.006	-0.010	-0.005
	(-1.84)	(1.12)	(-1.08)	(-0.83)
ABSTA_1	0.079***	-0.135***	0.156***	-0.019
	(4.19)	(-7.04)	(4.28)	(-1.20)
SOE1	-0.033***	-0.002	-0.029***	0.005*
	(-9.04)	(-0.73)	(-6.62)	(1.73)
MTB	0.007***	-0.000	0.007***	-0.002**
	(5.42)	(-0.84)	(5.34)	(-2.57)
LOSS	-0.027***	-0.043***	-0.005	-0.029***
	(-5.75)	(-8.92)	(-1.13)	(-4.55)
LEV	0.009	-0.001	0.016**	-0.001
	(1.41)	(-0.92)	(2.33)	(-0.63)
Quickratio	0.001*	-0.000	-0.000	-0.001***
	(1.92)	(-0.79)	(-0.66)	(-3.93)
CFO_pj	-0.079*	-0.153***	-0.053	-0.333***
	(-1.94)	(-4.17)	(-1.42)	(-5.20)
Salesgrowth	0.000***	0.002***	0.000***	0.005***
	(15.14)	(3.54)	(10.07)	(4.19)
AGE	0.000	-0.000**	0.003***	-0.001***
	(0.31)	(-2.51)	(7.59)	(-3.55)
_cons	0.152***	-0.012	0.085***	-0.015
	(11.15)	(-0.95)	(5.34)	(-0.87)
Year	控制	控制	控制	控制
Industry	控制	控制	控制	控制
N	11 980	2 652	8 688	5 944
R-Square	0.198	0.303	0.180	0.298
Adj. R-Square	0.19	0.29	0.17	0.29

续表

Panel C 因变量为操控性应计(DA_ADJ、DA_PERADJ)分符号检验(行业领先法)				
	DA_ADJ>0	DA_ADJ<0	DA_PERADJ>0	DA_PERADJ<0
	(1)	(2)	(3)	(4)
$ISA2_{NAT}$	0.001	0.001	0.003	−0.003
	(0.27)	(0.31)	(0.55)	(−0.56)
$ISA2_{LOC}$	−0.009***	0.001	−0.010***	0.001
	(−3.12)	(0.31)	(−2.71)	(0.59)
$ISA2_{NAT} \times ISA2_{LOC}$	−0.013*	0.006	−0.010	−0.005
	(−1.84)	(1.12)	(−1.08)	(−0.83)
ABSTA_1	0.079***	−0.135***	0.156***	−0.019
	(4.19)	(−7.04)	(4.28)	(−1.20)
SOE1	−0.033***	−0.002	−0.029***	0.005*
	(−9.04)	(−0.73)	(−6.62)	(1.73)
MTB	0.007***	−0.000	0.007***	−0.002**
	(5.42)	(−0.84)	(5.34)	(−2.57)
LOSS	−0.027***	−0.043***	−0.005	−0.029***
	(−5.75)	(−8.92)	(−1.13)	(−4.55)
LEV	0.009	−0.001	0.016**	−0.001
	(1.41)	(−0.92)	(2.33)	(−0.63)
Quickratio	0.001*	−0.000	−0.000	−0.001***
	(1.92)	(−0.79)	(−0.66)	(−3.93)
CFO_pj	−0.079*	−0.153***	−0.053	−0.333***
	(−1.94)	(−4.17)	(−1.42)	(−5.20)
Salesgrowth	0.000***	0.002***	0.000***	0.005***
	(15.14)	(3.54)	(10.07)	(4.19)
AGE	0.000	−0.000**	0.003***	−0.001***
	(0.31)	(−2.51)	(7.59)	(−3.55)
_cons	0.152***	−0.012	0.085***	−0.015
	(11.15)	(−0.95)	(5.34)	(−0.87)
Year	控制	控制	控制	控制
Industry	控制	控制	控制	控制
N	11 980	2 652	8 688	5 944
R-Square	0.198	0.303	0.180	0.298
Adj. R-Square	0.19	0.29	0.17	0.29

注：1. ABS(DA)指操控性应计绝对值，具体包括 ABS(DA_ADJ)、ABS(DA_PERADJ)、ABS(DA_DD)、ABS(DA_McN)；AIS1$_{NAT}$ 为虚拟变量，当审计师为全国(总所)层面行业专长审计师时取值为1，其他为0；AIS1$_{CIT}$ 为虚拟变量，当审计师为区域(分所)层面行业专长审计师时取值为1，其他为0；ABS(TA_1)为滞后一期的总应计(Total accruals)经滞后一期的总资产平减；SOE 为虚拟变量，当实际控制人为国有企事业单位时取1，其他为0；MTB 为托宾 Q 值；LOSS 为虚拟变量，企业当年度亏损时取1，其他为0；LEV 为资产负债率；Quickratio 为速动比率；CFO_pj 为经营现金流量经滞后一期总资产平减；Salesgrowth 为销售增长率；AGE 为首次公开发行并上市(IPO)至样本年度年数的自然对数；Industry/year 为行业、年度虚拟变量。

2. ***、**、* 分别表示在 1%、5%、10% 的显著性水平上显著(双尾检验)；括号内为按公司聚类的异方差-自相关稳健标准误。

4.4.3 稳健性检验

（1）按行业中类认定行业专长审计师

考虑到制造业公司较多，按行业门类分类确认行业专长审计师时，会造成该行业确认的专长审计师较少，因此，采用行业中类①进行稳健性检验。表 4.10 给出了按行业中类进行认定专长审计师的回归结果。其中，表 4.10 Panel A 中的因变量为由修正 Jones 模型得到的操控性应计，ABS(DA_ADJ) 与 ISA1$_{LOC}$ 的系数为 -0.010，在 1% 的显著性水平上显著，β_2、β_3 的联合显著性 F 检验在 1% 的显著性水平上显著，表明按中类认定的区域(分所)专长审计师能够有效降低应计盈余的波动；抑制管理层盈余管理程度，提高了盈余质量；进一步地，DA_ADJ$^+$(DA_ADJ > 0) 与 ISA1$_{LOC}$ 的系数为 -0.010，在 1% 的显著性水平上显著，DA_ADJ$^-$(DA_ADJ < 0) 与 ISA1$_{LOC}$ 的系数不显著，说明区域(分所)专长审计师对操控性应计的作用，主要是抑制了正向(向上)的盈余管理，即调增盈余，对于管理层盈余管理中的另外一种操作，业绩"洗大澡"(即向下调整盈余)的行为没有显著影响，提供了支持 H1b 的进一步证据。ISA1$_{NAT}$、ISA1$_{LOC}$、ISA1$_{NAT}$×ISA1$_{LOC}$ 系数的联合显著性检验(F 检验)，在 1% 的显著性水平上显著，表明联合专长能够显著抑制管理层盈余管理，提高审计质量，则进一步验证了假设一。对表 4.10 Panel B 的分析类似，主要的回归结果与解释也基本与 Panel A 一致。

---

① 即其他行业采用一位行业门类代码，制造业采用门类+大类 3 位代码分类。

表4.10 稳健性检验(按行业中类认定行业专长审计师)

	Panel A 因变量为操控性应计(DA_ADJ)的检验		
	ABS(DA_ADJ)	DA_ADJ>0	DA_ADJ<0
	(1)	(2)	(3)
ISA1$_{NAT}$	−0.005	−0.004	0.004
	(−0.88)	(−0.75)	(0.78)
ISA1$_{LOC}$	−0.010***	−0.010***	−0.001
	(−3.93)	(−3.65)	(−0.43)
ISA1$_{NAT}$×ISA1$_{LOC}$	−0.010	−0.009	0.008
	(−1.60)	(−1.14)	(1.37)
ABSTA_1	0.080***	0.078***	−0.139***
	(4.41)	(4.13)	(−6.82)
SOE1	−0.027***	−0.031***	−0.001
	(−7.98)	(−8.14)	(−0.64)
MTB	0.007***	0.007***	−0.000
	(5.38)	(5.22)	(−0.61)
LOSS	−0.024***	−0.031***	−0.042***
	(−7.17)	(−6.47)	(−8.42)
LEV	−0.000	0.009	−0.001
	(−0.24)	(1.35)	(−0.97)
Quickratio	0.001	0.001	−0.000
	(1.33)	(1.55)	(−0.72)
CFO_pj	−0.101***	−0.118***	−0.150***
	(−3.37)	(−2.91)	(−4.10)
Salesgrowth	0.000***	0.000***	0.002***
	(19.38)	(25.34)	(3.31)
AGE	−0.000	−0.000	−0.000**
	(−0.54)	(−0.29)	(−2.13)
_cons	0.149***	0.155***	−0.012
	(12.65)	(11.36)	(−0.94)
Year	控制	控制	控制
Industry	控制	控制	控制
N	13 295	10 901	2 394
R-Square	0.207	0.219	0.315
Adj. R-Square	0.20	0.21	0.30

续表

	Panel A 因变量为操控性应计(DA_ADJ)的检验		
	ABS(DA_ADJ)	DA_ADJ> 0	DA_ADJ< 0
	(1)	(2)	(3)
$ISA1_{NAT}$、$ISA1_{LOC}$、$ISA1_{BOTH}$ 系数联合显著性检验:			
$\beta_1+\beta_2+\beta_3$	Prob > F = 0.0000	Prob > F = 0.0000	Prob > F = 0.0024
$\beta_1+\beta_3$	Prob > F = 0.0004	Prob > F = 0.0119	Prob > F = 0.0009
$\beta_2+\beta_3$	Prob > F = 0.0000	Prob > F = 0.0001	Prob > F = 0.3903
	Panel B 因变量为操控性应计(DA_PERADJ)的检验		
	ABS(DA_PERADJ)	DA_PERADJ>0	DA_PERADJ<0
	(1)	(2)	(3)
$ISA1_{NAT}$	−0.002	0.004	−0.006
	(−0.27)	(0.48)	(−1.05)
$ISA1_{LOC}$	−0.010***	−0.006*	−0.004
	(−2.89)	(−1.78)	(−1.41)
$ISA1_{BOTH}$	−0.014	−0.011	0.004
	(−1.50)	(−1.10)	(0.50)
ABSTA_1	0.074**	0.148***	−0.018
	(2.42)	(4.42)	(−1.18)
SOE1	−0.015***	−0.025***	0.004
	(−3.43)	(−5.60)	(1.42)
MTB	0.006***	0.007***	−0.002**
	(5.79)	(5.18)	(−2.44)
LOSS	−0.013**	−0.005	−0.028***
	(−2.47)	(−1.00)	(−4.29)
LEV	−0.001	0.016**	−0.001
	(−0.47)	(2.35)	(−0.70)
Quickratio	−0.001***	−0.000	−0.001***
	(−2.71)	(−0.48)	(−3.57)
CFO_pj	−0.259***	−0.090**	−0.327***
	(−4.74)	(−2.36)	(−5.02)
Salesgrowth	0.000***	0.000***	0.005***
	(17.76)	(13.83)	(3.81)
AGE	0.002***	0.003***	−0.001***
	(4.25)	(6.71)	(−3.34)

续表

Panel B 因变量为操控性应计(DA_PERADJ)的检验			
	ABS(DA_PERADJ)	DA_PERADJ>0	DA_PERADJ<0
	(1)	(2)	(3)
_cons	0.069***	0.085***	−0.014
	(4.04)	(5.42)	(−0.79)
Year	控制	控制	控制
Industry	控制	控制	控制
N	13 295	7 827	5 468
R-Square	0.191	0.194	0.294
Adj. R-Square	0.19	0.19	0.29
$ISA1_{NAT}$、$ISA1_{LOC}$、$ISA1_{BOTH}$ 系数联合显著性检验:			
$\beta_1+\beta_2+\beta_3$	Prob > F = 0.0000	Prob > F = 0.0809	Prob > F = 0.2871
$\beta_1+\beta_3$	Prob > F = 0.0230	Prob > F = 0.4691	Prob > F = 0.4897
$\beta_2+\beta_3$	Prob > F = 0.0007	Prob > F = 0.0477	Prob > F = 0.3684

注:1. 表中行业专长审计师认定为行业领导者法,认定基础为审计收费基础;

2. ***、**、*分别表示在1%、5%、10%的显著性水平上显著(双尾检验);

3. 括号内为按公司聚类的异方差-自相关稳健标准误。

(2) 行业专长审计师认定基础替换为客户资产平方根及销售收入

根据以往文献的观点,采用审计收费作为基础计算市场份额比采用客户总资产、客户销售收入更科学,审计收费能更好地反映审计师付出的努力。因为,审计收费是审计客户总资产、销售收入的函数,包含了审计师面临的各种风险,而总资产、销售收入则仅仅是客户规模的计量,难以全面反映审计师付出的努力。

但是审计收费并不总是公开可得,其中:最早的如澳大利亚、英国从1990年开始公开披露审计收费,美国则从2000年开始强制披露审计收费,中国从2001颁布实施了上市公司审计收费信息强制披露,有些国家则从美国安然事件后开始强制披露审计收费,而有些国家至今尚未强制披露。先前文献也常采用客户资产、客户销售收入基础,特别是审计收费强制披露之前的研究(数据不可得)以及涉及行业专长的跨国研究中(受制度、国情影响,审计收费不可比)。因此,采用客户资产的平方根①、销售收入为基础进行稳健性检验。

表 4.11 Panel A、B 给出了以客户资产平方根为基础的回归结果。ABS(DA_ADJ)、DA_ADJ⁺(DA_ADJ > 0) 与 $AIS1_{CIT}$ 的系数分别为 −0.010、−0.011, ABS(DA_PERADJ)、DA_PERADJ⁺(DA_PERADJ > 0) 与 $AIS1_{CIT}$ 的系数分别为 −0.009、−0.013,均在 1% 的显著性水平上显著,β_2、β_3 的联合显著性 F 检验也均在 1% 的显著性水平上显著,表明以客户资产平方根计量的区域(分所)行业专长审计师能显著抑制企业盈余管理,提高盈余质量,提供了支持 H1b 的进一步证据。而 $AIS1_{NAT}$、$AIS1_{CIT}$、$AIS1_{NAT} \times AIS1_{CIT}$ 系数的联合显著性检验表明,行业专长审计师能够提高盈余质量,支持假设一。对表 4.11 Panel C、D 的分析类似,主要结果与 Panel A、B 完全一致。

表 4.11 稳健性检验(行业专长审计师认定基础为客户资产平方根、销售收入)

ABS(DA_ADJ)、ABS(DA_PERADJ) = $\beta_0 + \beta_1 AIS_{NAT} + \beta_2 AIS_{CIT} + \beta_3 AIS_{NAT} \times AIS_{CIT}$
$+ \beta_4 ABS(TA_1) + \beta_5 SOE + \beta_6 MTB + \beta_7 LOSS + \beta_8 LEV + \beta_9 Quickratio + \beta_{10} CFO_{pj}$
$+ \beta_{11} Salesgrowth + \beta_{12} AGE + Industry\ Fixed\ Effect + Year\ Fixed\ Effect + \varepsilon_i$

Panel A 客户资产平方根基础:因变量为操控性应计(DA_ADJ)的检验

	ABS(DA_ADJ)	DA_ADJ>0	DA_ADJ<0
	(1)	(2)	(3)
$AIS1_{NAT}$	−0.001	−0.002	−0.002
	(−0.23)	(−0.38)	(−0.38)
$AIS1_{CIT}$	−0.010***	−0.011***	0.003
	(−3.94)	(−3.79)	(1.44)
$AIS1_{NAT} \times AIS1_{CIT}$	0.000	0.003	0.005
	(0.07)	(0.41)	(0.86)
ABSTA_1	0.082***	0.079***	−0.135***
	(4.48)	(4.19)	(−7.04)
SOE1	−0.028***	−0.033***	−0.002
	(−8.74)	(−9.03)	(−0.72)

---

① 在广泛采用客户总资产、利润总额、销售收入之后,有研究指出采用总资产、销售收入的平方根作为审计师行业专长的计量基础更合适,如 Kwon(1996)最早提出了相应的计算公式,利用会计师事务所来自某行业的客户总资产(或销售收入)的平方根之和除以会计师事务所所有客户总资产(或销售收入)的平方根之和。

续表

Panel A 客户资产平方根基础:因变量为操控性应计(DA_ADJ)的检验			
	ABS(DA_ADJ)	DA_ADJ>0	DA_ADJ<0
	(1)	(2)	(3)
MTB	0.007***	0.007***	-0.000
	(5.51)	(5.38)	(-0.78)
LOSS	-0.021***	-0.027***	-0.043***
	(-6.29)	(-5.74)	(-8.90)
LEV	-0.001	0.009	-0.001
	(-0.28)	(1.40)	(-0.93)
Quickratio	0.001*	0.001*	-0.000
	(1.71)	(1.93)	(-0.78)
CFO_pj	-0.074**	-0.080*	-0.153***
	(-2.25)	(-1.95)	(-4.17)
Salesgrowth	0.000***	0.000***	0.002***
	(13.73)	(15.22)	(3.59)
AGE	0.000	0.000	-0.000**
	(0.00)	(0.35)	(-2.56)
_cons	0.147***	0.153***	-0.012
	(12.37)	(11.11)	(-1.01)
Year	控制	控制	控制
Industry	控制	控制	控制
N	14 632	11 980	2 652
R-Square	0.189	0.198	0.303
Adj. R-Square	0.19	0.19	0.29
$AIS1_{NAT}$、$AIS1_{CIT}$、$AIS1_{NAT} \times AIS1_{CIT}$ 系数联合显著性检验:			
$\beta_1 + \beta_2 + \beta_3$	$F(3, 2406) = 6.15$	$F(3, 2378) = 5.31$	$F(3, 1318) = 1.62$
	Prob > F = 0.0004	Prob > F = 0.0012	Prob > F = 0.1837
$\beta_1 + \beta_3$	$F(2, 2406) = 0.04$	$F(2, 2378) = 0.09$	$F(2, 1318) = 0.47$
	Prob > F = 0.9650	Prob > F = 0.9114	Prob > F = 0.6232
$\beta_2 + \beta_3$	$F(2, 2406) = 8.79$	$F(2, 2378) = 7.71$	$F(2, 1318) = 2.15$
	Prob > F = 0.0002	Prob > F = 0.0005	Prob > F = 0.1169

续表

Panel B 客户资产平方根基础:因变量为操控性应计(DA_PERADJ)的检验

	ABS(DA_PERADJ)	DA_PERADJ>0	DA_PERADJ<0
	(1)	(2)	(3)
$AIS1_{NAT}$	−0.001	−0.002	−0.002
	(−0.23)	(−0.34)	(−0.52)
$AIS1_{CIT}$	−0.009***	−0.013***	0.002
	(−3.35)	(−3.71)	(0.87)
$AIS1_{NAT} \times AIS1_{CIT}$	0.006	0.015	0.001
	(0.94)	(1.64)	(0.23)
ABSTA_1	0.094***	0.156***	−0.019
	(3.07)	(4.29)	(−1.20)
SOE1	−0.021***	−0.029***	0.005*
	(−6.33)	(−6.67)	(1.68)
MTB	0.006***	0.007***	−0.002**
	(6.04)	(5.31)	(−2.56)
LOSS	−0.001	−0.006	−0.029***
	(−0.37)	(−1.17)	(−4.52)
LEV	0.001	0.016**	−0.001
	(0.69)	(2.34)	(−0.64)
Quickratio	0.000	−0.000	−0.001***
	(0.37)	(−0.65)	(−3.91)
CFO_pj	−0.019	−0.053	−0.333***
	(−0.82)	(−1.44)	(−5.19)
Salesgrowth	0.000***	0.000***	0.005***
	(7.86)	(10.11)	(4.16)
AGE	0.002***	0.003***	−0.001***
	(8.55)	(7.61)	(−3.51)
_cons	0.084***	0.087***	−0.017
	(6.61)	(5.37)	(−0.97)
Year	控制	控制	控制
Industry	控制	控制	控制
N	14 632	8 688	5 944
R-Square	0.123	0.180	0.297
Adj. R-Square	0.12	0.17	0.29

续表

Panel B 客户资产平方根基础:因变量为操控性应计(DA_PERADJ)的检验			
	ABS(DA_PERADJ)	DA_PERADJ> 0	DA_PERADJ< 0
	(1)	(2)	(3)
$AIS1_{NAT}$、$AIS1_{CIT}$、$AIS1_{NAT} \times AIS1_{CIT}$ 系数联合显著性检验:			
$\beta_1 + \beta_2 + \beta_3$	$F(3, 2406) = 3.82$	$F(3, 2135) = 4.77$	$F(3, 1961) = 0.41$
	Prob > F = 0.0096	Prob > F = 0.0026	Prob > F = 0.7442
$\beta_1 + \beta_3$	$F(2, 2406) = 0.60$	$F(2, 2135) = 1.84$	$F(2, 1961) = 0.16$
	Prob > F = 0.5512	Prob > F = 0.1594	Prob > F = 0.8531
$\beta_2 + \beta_3$	$F(2, 2406) = 5.67$	$F(2, 2135) = 6.93$	$F(2, 1961) = 0.57$
	Prob > F = 0.0035	Prob > F = 0.0010	Prob > F = 0.5670
Panel C 客户销售收入基础:因变量为操控性应计(DA_ADJ)的检验			
	ABS(DA_ADJ)	DA_ADJ>0	DA_ADJ<0
	(1)	(2)	(3)
$AIS1_{NAT}$	-0.009	-0.010	0.003
	(-1.21)	(-1.10)	(0.44)
$AIS1_{CIT}$	-0.009***	-0.010***	0.000
	(-3.60)	(-3.51)	(0.06)
$AIS1_{NAT} \times AIS1_{CIT}$	-0.008	-0.008	0.008
	(-0.80)	(-0.66)	(1.05)
ABSTA_1	0.082***	0.079***	-0.135***
	(4.45)	(4.16)	(-7.05)
SOE1	-0.028***	-0.033***	-0.002
	(-8.62)	(-8.92)	(-0.82)
MTB	0.007***	0.007***	-0.000
	(5.50)	(5.38)	(-0.79)
LOSS	-0.021***	-0.027***	-0.043***
	(-6.32)	(-5.74)	(-8.91)
LEV	-0.001	0.009	-0.001
	(-0.26)	(1.42)	(-0.93)
Quickratio	0.001*	0.001*	-0.000
	(1.68)	(1.91)	(-0.77)
CFO_pj	-0.074**	-0.079*	-0.153***
	(-2.25)	(-1.94)	(-4.17)
Salesgrowth	0.000***	0.000***	0.002***
	(13.66)	(15.12)	(3.51)

续表

	Panel C 客户销售收入基础:因变量为操控性应计(DA_ADJ)的检验		
	ABS(DA_ADJ)	DA_ADJ>0	DA_ADJ<0
	(1)	(2)	(3)
AGE	−0.000	0.000	−0.000**
	(−0.05)	(0.29)	(−2.52)
_cons	0.147***	0.153***	−0.011
	(12.50)	(11.25)	(−0.92)
Year	控制	控制	控制
Industry	控制	控制	控制
N	14 632	11 980	2 652
R-Square	0.190	0.198	0.302
Adj. R-Square	0.19	0.19	0.29
$AIS1_{NAT}$、$AIS1_{CIT}$、$AIS1_{NAT} \times AIS1_{CIT}$ 系数联合显著性检验:			
$\beta_1 + \beta_2 + \beta_3$	F(3, 2406) = 7.79	F(3, 2378) = 6.36	F(3, 1318) = 2.05
	Prob > F = 0.0000	Prob > F = 0.0003	Prob > F = 0.1051
$\beta_1 + \beta_3$	F(2, 2406) = 4.01	F(2, 2378) = 2.67	F(2, 1318) = 2.86
	rob > F = 0.0183	Prob > F = 0.0693	Prob > F = 0.0577
$\beta_2 + \beta_3$	F(2, 2406) = 7.53	F(2, 2378) = 6.92	F(2, 1318) = 0.59
	Prob > F = 0.0005	Prob > F = 0.0010	Prob > F = 0.5525

	Panel D 客户销售收入基础:因变量为操控性应计(DA_PERADJ)的检验		
	ABS(DA_PERADJ)	DA_PERADJ>0	DA_PERADJ<0
	(1)	(2)	(3)
$AIS1_{NAT}$	0.020*	0.012	−0.030***
	(1.95)	(0.80)	(−3.40)
$AIS1_{CIT}$	−0.007***	−0.013***	−0.003
	(−2.76)	(−3.79)	(−1.05)
$AIS1_{NAT} \times AIS1_{CIT}$	−0.021*	−0.014	0.024**
	(−1.78)	(−0.70)	(2.24)
ABSTA_1	0.094***	0.156***	−0.019
	(3.07)	(4.30)	(−1.19)
SOE1	−0.020***	−0.029***	0.005*
	(−6.25)	(−6.54)	(1.79)
MTB	0.006***	0.007***	−0.002***
	(6.03)	(5.31)	(−2.60)

续表

	Panel D 客户销售收入基础:因变量为操控性应计(DA_PERADJ)的检验		
	ABS(DA_PERADJ)	DA_PERADJ>0	DA_PERADJ<0
	(1)	(2)	(3)
LOSS	-0.001	-0.005	-0.029***
	(-0.35)	(-1.13)	(-4.56)
LEV	0.001	0.016**	-0.001
	(0.69)	(2.34)	(-0.62)
Quickratio	0.000	-0.000	-0.001***
	(0.38)	(-0.73)	(-4.01)
CFO_pj	-0.019	-0.053	-0.333***
	(-0.81)	(-1.43)	(-5.20)
Salesgrowth	0.000***	0.000***	0.005***
	(7.84)	(10.06)	(4.21)
AGE	0.002***	0.003***	-0.001***
	(8.52)	(7.55)	(-3.63)
_cons	0.083***	0.087***	-0.011
	(6.53)	(5.40)	(-0.63)
Year	控制	控制	控制
Industry	控制	控制	控制
N	14 632	8 688	5 944
R-Square	0.123	0.180	0.300
Adj. R-Square	0.12	0.18	0.29
$AIS1_{NAT}$、$AIS1_{CIT}$、$AIS1_{NAT} \times AIS1_{CIT}$ 系数联合显著性检验:			
$\beta_1 + \beta_2 + \beta_3$	$F(3, 2406) = 4.37$	$F(3, 2135) = 5.31$	$F(3, 1961) = 4.51$
	Prob > F = 0.0045	Prob > F = 0.0012	Prob > F = 0.0037
$\beta_1 + \beta_3$	$F(2, 2406) = 1.95$	$F(2, 2135) = 0.33$	$F(2, 1961) = 6.18$
	Prob > F = 0.1430	Prob > F = 0.7176	Prob > F = 0.0021
$\beta_2 + \beta_3$	$F(2, 2406) = 6.38$	$F(2, 2135) = 7.91$	$F(2, 1961) = 2.71$
	Prob > F = 0.0017	Prob > F = 0.0004	Prob > F = 0.0670

注:1. 表中行业专长审计师认定为行业领导者法,行业分类为一位行业门类代码;

2. ***、**、* 分别表示在1%、5%、10%的显著性水平上显著(双尾检验);

3. 括号内为按公司聚类的异方差-自相关稳健标准误。

(3) 因变量替换为 ABS(DA_DD)、ABS(DA_McN)

主检验中操控性应计的计量主要来自修正 Jones 模型和业绩调整的修正 Jones 模型,但文献中也有采用现金流量模型的检验(Gul et al.,2009;Yuan et al.,2016)。因此,采用 DD 模型、McNichols 模型重新计算操控性应计①重新回归,结果未发生重大变化。

(4) 增加控制变量

国外有文献在模型中加入 BIG4,以控制审计师声誉、规模(Reichelt and Wang,2010;Minutti-Meza,2013),加入 LnASSET 以控制客户规模(Krishnan,2003;Garcia-Blandon and Argiles-Bosch,2017)。由于英美等西方国家主要是国际四大会计师事务所②垄断了审计市场 90% 以上的份额,我国审计市场结构与西方显著不同,从规模上看国际四大并不占绝对优势③,低审计市场集中度使得不宜控制 BIG4。而在模型中加入 LnASSET,会与审计收费基础、客户总资产平方根基础、销售收入基础计算的行业专长变量产生多重共线性,但总体上并未改变本文的主要结论。

4.5 达到或超过盈余门槛模型

本节进一步使用上市公司报告小额盈余增加的可能性(INCREASE)作为盈余质量的代理变量进行测试,预期行业专长审计师有更小的可能性与 INCREASE 关联。参考 Ashbaugh 等(2003)、Gul 等(2009)的研究,设定测试模型为离散选择模型,具体如下:

$$\begin{aligned}INCREASE = &\beta_0+\beta_1 ISA_{NAT}+\beta_2 ISA_{LOC}+\beta_3 ISA_{NAT}\times ISA_{LOC}+\beta_4 ABS(TA_1)+\beta_5 SOE\\&+\beta_6 MB+\beta_7 L.LOSS+\beta_8 LnMVE+\beta_9 IH+\text{Industry Fixed Effect}\\&+\text{Year Fixed Effect}+\varepsilon_i\end{aligned} \quad (4.7)$$

其中:INCREASE 为虚拟变量,当经平均总资产平减的净利润处于[0.00,0.04]

---
① 具体模型见研究设计-因变量与解释变量设计。
② 一般指普华永道、德勤、安永、毕马威,不同时期则略有不同(包括五大、六大、八大),这里泛指 BIGN。
③ 根据中注协发布的《2016 年会计师事务所综合评价前百家信息》通告,内资所瑞华、立信分别排名第二、第四,天健、信永中和、天职国际、大华位居第七至第十名,与国际四大中的安永华明、毕马威华振差距并不大。

的范围时取 1,其他取 0;ISA_{NAT} 为虚拟变量,当审计师为全国(总所)层面行业专长审计师时取值为 1,其他为 0;ISA_{LOC} 为虚拟变量,当审计师为区域(分所)层面行业专长审计师时取值为 1,其他为 0;$ABS(TA_1)$ 为操控性应计滞后一期总资产平减(即 TA/L. ASSET);SOE 为虚拟变量,当实际控制人为国有企事业单位时取 1,其他为 0;MB 为托宾 Q 值,市值 A/资产总计①;LnMVE 为权益市场价值的自然对数;L. LOSS 为虚拟变量,如果企业滞后一期净利润小于 0,则取 1,其他取 0;IH 为机构投资者②持股比例。

表 4.12 给出了盈余门槛测试的结果。INCREASE 与 $ISA1_{LOC}$、$ISA2_{LOC}$ 的系数分别为-0.046、-0.031,分别在 1%、10%的显著性水平上显著;β_2、β_3 的联合显著性 F 检验也均在 1%、10%的显著性水平上显著,可以得出无论按行业领导者法认定的区域(分所)行业专长审计师,还是行业领先法认定的区域(分所)行业专长审计师都以较低的概率与小额正盈余公司相关联,意味着区域(分所)行业专长审计师有较高的审计质量,支持假设 1b。

ISA_{NAT}、ISA_{LOC}、$ISA1_{NAT} \times ISA1_{LOC}$ 系数的联合显著性检验,以 ISA1 为基础的系数在 1%的显著性水平上显著,以 ISA2 为基础的系数则处于 10%显著性水平的边缘(拒绝原假设的概率 Prob > F = 0.1132),基本支持联合行业专长审计师能够提高审计质量的假设一。在一定程度上,达到或超过盈余门槛是审计领域文献中替代盈余质量的一个适当的备选计量指标,线性概率回归结果与前文基本一致,印证了行业专长审计师能够提高盈余质量,也即更高审计质量的结论。

---

① 市值计算公式为:(总股本-境内上市的外资股 B 股)×今收盘价 A 股当期值+境内上市的外资股 B 股×B 股今收盘价当期值×当日汇率。

② 这里的机构投资者包括银行、保险、信托、社保基金等机构。

表4.12 达到或超过盈余门槛检验

因变量为 INCREASE 的离散选择模型:

$$INCREASE = \beta_0 + \beta_1 ISA_{NAT} + \beta_2 ISA_{LOC} + \beta_3 ISA_{NAT} \times ISA_{LOC} + \beta_4 ABS(TA_1) + \beta_5 SOE + \beta_6 MB + \beta_7 L.LOSS + \beta_8 LnMVE + \beta_9 IH + Industry\ Fixed\ Effect + Year\ Fixed\ Effect + \varepsilon_i$$

	(1)	(2)
$ISA1_{NAT}$	0.004	
	(0.17)	
$ISA1_{LOC}$	−0.046***	
	(−3.52)	
$ISA1_{NAT} \times ISA1_{LOC}$	0.007	
	(0.21)	
$ISA2_{NAT}$		0.002
		(0.11)
$ISA2_{LOC}$		−0.031*
		(−1.81)
$ISA2_{NAT} \times ISA2_{LOC}$		−0.011
		(−0.38)
$ABS(TA_1)$	0.011	0.008
	(0.36)	(0.28)
SOE	−0.125***	−0.122***
	(−9.11)	(−8.59)
MB	0.017***	0.016***
	(4.55)	(4.31)
L.LOSS	−0.104***	−0.106***
	(−5.76)	(−5.65)
LnWVE	0.095***	0.094***
	(14.07)	(13.29)
IH	0.002***	0.002***
	(3.74)	(3.55)
_cons	−1.472***	−1.485***
	(−9.38)	(−9.07)
Year	控制	控制
Industry	控制	控制
N	14 687	13 755
R-Square	0.085	0.084
Adj. R-Square	0.08	0.08

续表

因变量为 INCREASE 的离散选择模型：

$INCREASE = \beta_0 + \beta_1 ISA_{NAT} + \beta_2 ISA_{LOC} + \beta_3 ISA_{NAT} \times ISA_{LOC} + \beta_4 ABS(TA_1) + \beta_5 SOE + \beta_6 MB$
$+ \beta_7 L.LOSS + \beta_8 LnMVE + \beta_9 IH + Industry\ Fixed\ Effect + Year\ Fixed\ Effect + \varepsilon_i$

	(1)	(2)
ISA_{NAT}、ISA_{LOC}、$ISA1_{NAT} \times ISA1_{LOC}$ 系数联合显著性检验：		
$\beta_{1} + \beta_{2} + \beta_{3}$	F(3, 2393) = 4.44	F(3, 2283) = 1.99
	Prob > F = 0.0040	Prob > F = 0.1132
$\beta_{1} + \beta_{3}$	F(2, 2393) = 0.09	F(2, 2283) = 0.08
	Prob > F = 0.9095	Prob > F = 0.9238
$\beta_{2} + \beta_{3}$	F(2, 2393) = 6.66	F(2, 2283) = 2.82
	Prob > F = 0.0013	Prob > F = 0.0596

注：1. INCREASE 为虚拟变量，当经平均总资产平减的净利润处于[0.00,0.04]的范围时取 1，其他取 0；ISA_{NAT} 为虚拟变量，当审计师为全国（总所）层面行业专长审计师时取值为 1，其他为 0；ISA_{LOC} 为虚拟变量，当审计师为区域（分所）层面行业专长审计师时取值为 1，其他为 0；$ABS(TA_1)$ 为操控性应计经滞后一期总资产平减（即 TA/L.ASSET）；SOE 为虚拟变量，当实际控制人为国有企事业单位时取 1，其他为 0；MB 为托宾 Q 值，市值 A/资产总计；LnMVE 为权益市场价值的自然对数；L.LOSS 为虚拟变量，如果企业滞后一期净利润小于 0，则取 1，其他为 0；IH 为机构投资者持股比例。

2. ***、**、* 分别表示在 1%、5%、10%的显著性水平上显著（双尾检验）。

3. 括号内为按公司聚类的异方差-自相关稳健标准误。

4.6 非标准审计意见报告模型

如果行业专长审计师对客户要求更严格，那么可以预期会有更高的出具非标准审计意见[①]的可能性，也即提供了更高的审计质量（假设三）。为了检验这个假设，本文估计了以下离散选择模型：

$$MAO = \beta_0 + \beta_1 ISA_{NAT} + \beta_2 ISA_{LOC} + \beta_3 ISA_{NAT} \times ISA_{LOC} + \beta_4 DA\_ADJ + \beta_5 SOE + \beta_6 LOSS$$
$$+ \beta_7 ROE + \beta_8 LEV + Industry\ Fixed\ Effect + Year\ Fixed\ Effect + \varepsilon_i \quad (4.8)$$

---

① 审计师出具的审计意见类型通常为以下六种之一：(1)标准无保留意见；(2)保留意见；(3)否定意见；(4)无法发表意见；(5)无保留意见加事项段；(6)保留意见加事项段。非标准审计意见指(2)-(6)。

其中,MAO 为虚拟变量,当审计师出具的审计报告为非标准审计意见时,取值为 1,其他为 0;ISA_{NAT} 为虚拟变量,当审计师为全国(总所)层面行业专长审计师时取值为 1,其他为 0;ISA_{LOC} 为虚拟变量,当审计师为区域(分所)层面行业专长审计师时取值为 1,其他为 0;DA_ADJ 为由修正 Jones 模型计算的当期操控性应计,连续变量;SOE 为虚拟变量,当实际控制人①为国有企事业单位②时取 1,其他为 0;LOSS 为虚拟变量,企业当年度亏损(净利润≤0)时取 1,其他为 0;ROE 为当期净资产收益率,净利润/股东权益平均余额③;LEV 为资产负债率,负债总额/资产总额。

表 4.13 给出了非标准审计报告模型检验的结果,MAO 与 $ISA1_{LOC}$、$ISA2_{LOC}$ 的系数分别为 0.006、0.013,分别在 10%、1% 的显著性上显著,表明区域(分所)行业专长审计师出具非标准审计意见的概率更高,有更高的审计质量,提供了支持 H2b 的证据。联合显著性检验中,行业领先法(ISA2)认定的行业专长审计师 $ISA2_{NAT}$、$ISA2_{LOC}$、$ISA2_{NAT} \times ISA2_{LOC}$ 的 F 值为 3.68(Prob > F = 0.0115),在 5% 的显著性上显著,表明行业专长审计师更倾向出具非标准审计意见,有更高的审计质量,支持假设三;β_2、β_3 的 F 值为 4.47(Prob > F = 0.0115),进一步提供了支持 H2b 的证据。

表 4.13 非标准审计意见模型检验

因变量为 MAO 的离散选择模型:		
$MAO = \beta_0 + \beta_1 ISA_{NAT} + \beta_2 ISA_{LOC} + \beta_3 ISA_{NAT} \times ISA_{LOC} + \beta_4 DA\_ADJ + \beta_5 SOE + \beta_6 LOSS + \beta_7 ROE + \beta_8 LEV + Industry\ Fixed\ Effect + Year\ Fixed\ Effect + \varepsilon_i$		
	(1)	(2)
$ISA1_{NAT}$	−0.001	
	(−0.10)	
$ISA1_{LOC}$	0.006*	
	(1.69)	
$ISA1_{NAT} \times ISA1_{LOC}$	0.001	
	(0.14)	

---

① 实际控制认定的依据为上市公司年报中公开披露的实际控制人;另一种方法为根据股权控制链认定,稳健性检验中使用,结果并未改变。

② 根据国泰安 CSMAR 股东数据库中企业关系人性质分类标准,代码为 1100 国有企业、2000 行政机关或事业单位、2100 中央机构、2120 地方机构时认定为国有控股,SOE 取 1。

③ 股东权益平均余额=(股东权益期末余额+股东权益期初余额)/2。

续表

因变量为 MAO 的离散选择模型：

$$MAO = \beta_0 + \beta_1 ISA_{NAT} + \beta_2 ISA_{LOC} + \beta_3 ISA_{NAT} \times ISA_{LOC} + \beta_4 DA\_ADJ + \beta_5 SOE + \beta_6 LOSS + \beta_7 ROE + \beta_8 LEV + \text{Industry Fixed Effect} + \text{Year Fixed Effect} + \varepsilon_i$$

	(1)	(2)
$ISA2_{NAT}$		-0.004
		(-0.96)
$ISA2_{LOC}$		0.013***
		(2.96)
$ISA2_{NAT} \times ISA2_{LOC}$		-0.010
		(-1.32)
DA_ADJ	-0.141***	-0.144***
	(-10.68)	(-10.77)
SOE	0.025***	0.025***
	(7.50)	(7.32)
LOSS	-0.137***	-0.131***
	(-21.97)	(-20.57)
ROE	0.110***	0.107***
	(8.15)	(7.71)
LEV	-0.179***	-0.170***
	(-23.02)	(-21.48)
_cons	1.023	1.047
	(71.22)	(63.33)
Year	控制	控制
Industry	控制	控制
N	14 687	13 755
R-Square	0.128	0.121
Adj. R-Square	0.13	0.12
ISA_{NAT}、ISA_{LOC}、$ISA1_{NAT} \times ISA1_{LOC}$ 系数联合显著性检验：		
$\beta_1 + \beta_2 + \beta_3$	F(3, 14656) = 1.17	F(3, 13724) = 3.68
	Prob > F = 0.3202	Prob > F = 0.0115
$\beta_1 + \beta_3$	F(2, 14656) = 0.01	F(2, 13724) = 2.82
	Prob > F = 0.9904	Prob > F = 0.0598
$\beta_2 + \beta_3$	F(2, 14656) = 1.73	F(2, 13724) = 4.47
	Prob > F = 0.1773	Prob > F = 0.0115

注:1. MAO 为虚拟变量,当审计报告为非标准审计意见时,取值为 1,其他为 0;ISA_{NAT} 为虚拟变量,当审计师为全国(总所)层面行业专长审计师时取值为 1,其他为 0;ISA_{LOC} 为虚拟变量,当审计师为区域(分所)层面行业专长审计师时取值为 1,其他为 0;DA_ADJ 为由修正 Jones 模型计算的当期操控性应计;SOE 为虚拟变量,当实际控制人为国有企事业单位时取 1,其他为 0;LOSS 为虚拟变量,企业当年度亏损时取 1,其他为 0;ROE 为当期净资产收益率;LEV 为资产负债率。

2. ***、**、* 分别表示在 1%、5%、10% 的显著性水平上显著(双尾检验)。

3. 括号内为按公司聚类的异方差-自相关稳健标准误。

4.7 进一步分析

审计师行业专长并不独立于决定审计质量的其他因素(DeFond and Zhang, 2014)。譬如,管理层可能会通过选择特定的会计信息系统、内部控制制度等从而影响审计计划、审计程序或审计时间与范围,也可能施加影响以选择特定质量的审计师。另一方面,从会计师事务所的角度看,在客户承接与保持阶段以及审计计划阶段,审计师就会考虑企业财务报告系统的质量和固有特征,进行初步的风险评估,这一点反映在审计风险模型中。虽然管理层和审计师都是基于预期的审计质量做出相应决策,但也应该注意到不可预期的随机误差项也会影响审计师最终传递的审计质量。

未来的审计师行业专长研究可以考虑在实证模型中增加更多更合适的控制变量,以分离审计师行业专长与影响审计质量的其他因素之间的关系;另外,要注意实证模型中的样本自选择问题,就客户财务报告系统和固有特征如何影响审计师客户管理以及企业如何选聘审计师进行深入研究,可考虑的方法有赫克曼两阶段程序(Heckman Two-Stage Procedures)、两阶段处理效应模型(Two-Stage Treatment Effects Models)、变更分析(Change Analyses)、倾向得分匹配(Propensity Score Matching, PSM)、广义精确匹配(Coarsened Exact Matching, CEM)。

4.7.1 替代变量的讨论

文献中出现的度量审计质量的指标有很多,总体上可分为产出基础和输入基础两类。前者如重大错报(报表重述、强制公告等)、审计师沟通(审计意见等)、财务报告质量特征(操控性应计、达到或超过盈余目标、应计质量、损失确认及时性等)、市场感知基础的度量(盈余反应系数、股票市场对特定审计事件的反映、资本成本等),这些指标有一个共同特征,即都受企业固有特征和财务报告系统的约束①。因此,利用产出基础视角的指标度量审计质量时,研究者面对的一个重要问题是如何把审计质量与企业的固有特征、财务报告系统的质量区分开。后者如审计收费、分所规模、审计过程等,这些指标的问题在于输入质量确实会影响最终产出的质量(审计质量),但高(低)输入质量并不必然代表高(低)审计质量。

未来研究应该注意几个方面的问题:①不同角度的度量指标有其特定的适用情景以及外部有效性,在选择指标时一定要谨慎考虑是否适合特定的制度背景及研究问题;②可以从概念的信度、效度等方面进一步改善审计质量的度量指标,分析不同指标的优缺点,厘清指标之间的区别与联系;③研究中可以使用不同角度、不同基础的指标进行实证分析,以增加模型、结论的稳健性。

4.7.2 调节变量的讨论

应该注意到行业专长审计师提高审计质量的动机和能力,不可避免地受到内外部环境的影响,然而,除了有关 SOX 法案的监管干涉对审计师行为的影响外,研究者对其他因素的研究很少。值得进一步探讨的影响行业专长审计师与审计质量关系的因素(调节变量)有:审计师自身方面,如声誉、法人治理结构等;公司内部治理方面,如内部控制质量、审计委员会等;外部治理方面,如控制权性质、监管干涉、分析师预测、审计与会计准则约束等;宏观环境方面,如法制环境、经济发展水平、资本市场条件等。

4.8 小 结

本章利用我国 A 股上市公司的数据,把对审计师行业专长的研究深入到

---

① 譬如,如果一个企业主要业务涉及的会计处理越简单,会计信息系统、内部控制越完善,则相比较而言,发生重大错报的概率就越低,财务报告质量就越高。

区域(分所)的层次,分别以操控性应计、达到或超过盈余门槛、非标准审计意见为被解释变量,研究了行业专长审计师对审计质量的影响,得出了行业专长审计师能够提高审计质量的结论,并在进一步的分析中发现,审计师行业专长主要在区域(分所)层次发挥作用,全国(总所)层次审计师行业专长对审计质量的影响不显著。这意味着全国(总所)的行业专门设施投资(如专用设备投资、特定行业信息化软件等)、积累的行业专长知识与技能等并不能通过总所-分所之间的网络传递到分所层次。实际上,如果审计合约的签订和执行都是以分所为主体,那么审计质量就会因分所的不同而不同,而把决策权下放给具有相关知识和技能、熟悉当地环境的分所会提高效率与审计质量。

未来研究可关注:①影响审计师行业专长和审计质量之间关系的环境因素,充分考虑我国特定的制度背景、会计监管、资本市场、投资者保护等对行业专长审计师提供高质量审计的激励和限制。②逐步深入到区域(分所)以及执业合伙人个人层面的行业专长,目前国内文献主要集中在事务所全国(总所)层面的行业专长[①],这个层面强调会计师事务所总分所网络间行业专长知识、技能、声誉的共享,而忽略了区域(分所)以及执业合伙人个人层面阻碍知识技能传播的个性特征,未来应逐步深入到审计师个人的性别、任期、从业经验、学历背景、校友网络等微观特征对审计师发展行业专长的影响。③经验研究主要是采用二手数据,无法打开审计师行业专长能力如何影响审计质量的"黑箱",可以借鉴行为与社会学理论、认知与心理学理论、神经科学等领域理论,以及实验、案例、访谈、调查问卷等方法取得一手数据,直接观察、检验行业专长能力与审计质量的关系。

---

① 这可能与区域(分所)、审计师个人层面数据的可获得性有关。

第5章
审计师声誉、行业专长与审计定价

本章利用2012~2014年的数据,实证考察审计师声誉、行业专长与审计定价的关系,结果表明:审计师声誉、行业专长均与审计收费正相关,其中,审计师声誉溢价约为89.89%,按市场份额及客户数量认定的审计师行业专长溢价分别为10.08%、4.7%;进一步的分组研究表明,国际四大中行业专长的作用不显著,而非国际四大中行业专长的作用显著,两种方法认定的行业专长审计师专长溢价分别为8.87%、2.4%。本文结论对引导事务所实施"做精做专、做大做强"战略,形成品牌声誉,发展行业专长,提升核心竞争力有重要意义。

5.1 引　　言

审计定价[①]一直是困扰审计研究者的一个重要问题,学者们对此有相当矛盾的情节:一方面,担心较低的审计收费无法吸引高素质人才投身审计行业,影响审计师的专业胜任能力,导致审计质量降低;另一方面,也担心收费过高会引发经济依赖,影响独立性(伍丽娜、戚务君,2013)。

早期关于国际N大[②]能否获取审计费用溢价的问题,存在广泛争议。Simunic(1980)在其经典审计定价文献中,开创性地提出了审计定价模型,认为规模较大的事务所具有规模经济性,收费更低。随后,DeAngelo(1981)则提

---

① 不影响理解的情况下,也指审计收费、审计费用。
② 国际大型会计师事务所的简称,目前国际"四大"特指普华永道(PWC)、毕马威(KPMG)、德勤(DTT)和安永(EY),在我国境内都有合作所。

出由于审计质量难以观察,代表高审计质量的 N 大,收费更高。随后的研究基本上沿着 Simunic、DeAngelo 的思路,按照规模把客户市场区分为大、小客户市场,然而一直未能取得比较一致的结论。

早期的研究,认为 N 大与非 N 大在审计定价上没有显著差异(李爽、吴溪,2004;刘斌等,2003),也有研究者提出二者有显著差异(田利辉、刘霞,2013;吴联生、刘慧龙,2008;漆江娜等,2004;王善平、李斌,2004;朱小平、余谦,2004;伍利娜,2003)。事实上,由于 N 大(特别是国际四大)通常是集规模、声誉与一身,声誉与规模对审计定价的影响无法有效分离。因此,国内外学者通常把事务所分为 N 大与非 N 大两类,没有进一步区分规模与声誉。

整体上看,国内有关审计师声誉对审计定价影响的研究多集中在 2003~2004 年,有关行业专长对审计定价影响的研究则大多在 2010 年以后,同时把审计师声誉和行业专长结合起来考察的研究较少。因此,本文选择在控制事务所规模的基础上,研究审计师声誉、行业专长对审计定价的影响。

5.2 文献回顾与研究假设

5.2.1 审计师声誉与审计定价

研究者对声誉的理解从侧重点上来看各有不同,Weigelt(1988)认为声誉是企业的一组特性,源于企业过去的行为;Kreps(1999)认为声誉是各群体对于企业过去行为的一种整体的认知判断;Hall 将认知要素与情感要素加以结合,认为企业声誉包括个体知识和感情要素。综合来看,Hall(1992)的定义要更加接近审计报告利益相关者对审计师声誉的认知。

一般认为 Simunic(1980)开创了审计定价方面的研究,提出大所在人力资源、客户资源、行业专长等方面具有规模经济性,因此,大所收费更低。DeAngelo(1981)则以审计师独立性、低价揽客和审计市场监管的视角展开研究,认为 N 大提供的审计服务比非四大质量更高,收费更高。随后的研究大多沿袭了 Simunic、DeAngelo 的思路,如 Francis 等(1984)发现,无论是对大公司还是小公司,八大的审计收费均高于非八大;Craswell 等(1995)利用澳大利亚审计市场的数据,发现八大比非八大的审计收费平均高出约 30% 左右;DeFond

等(2000)利用香港审计市场的经验数据,得出非行业专长的六大获得了37%的专长溢价;Ferguson 等(2002)对澳大利亚审计市场的研究表明,合并后的事务所获得了品牌声誉溢价。

李爽和吴溪(2004)的研究表明,十大与非十大之间的审计收费没有显著差异。吴联生和刘慧龙(2008)认为事务所规模越大,品牌越好,职业声誉也越高,因此,国际四大和规模相对较大的会计师事务所审计收费会相对较高。田利辉和刘霞(2013)利用2003~2010年上市公司样本,发现在控制了事务所规模和竞争程度后,国际四大和国内十大会计师事务所仍然获得较高的审计收费,并据此认为国际四大有品牌(声誉)溢价。

一般来说,审计师提供的产品是标准化的审计报告,股东、债权人及其他外部投资者从审计报告本身很难观察到不同事务所出具的审计报告的差异性,加之信息天然的不完整、不充分性,造成搜集信息、处理信息需要额外的成本投入和专业知识。审计报告的利益相关方在做出事前的审计师选择决策、事中的现场审计及事后审计报告质量判断上的交易成本较高,大型事务所会首先做出反应,有意识地通过差异化其产品和服务与中小事务所区分,而声誉正是审计师独特性的一个重要来源。

好的声誉就像一张精美的名片,有一种天然的磁力,很自然地吸引消费者、客户和投资者。声誉作为一种不可辨认的无形资产,其培育需要一个漫长的过程,但也正是这个漫长的过程,使得声誉成为一种独特的、难以模仿的、能够持久产生作用的独特优势。会计师事务所可以通过科学制定品牌战略,准确实施品牌定位,建立品牌管理体系,积累声誉,形成客户可感知的高质量的差异化审计服务,获得声誉溢价。

综合上述国内外文献及分析,本文提出假设1:

H1:审计师声誉与审计定价正相关,也即国际四大审计师与非国际四大相比有声誉溢价。

5.2.2 审计师行业专长与审计定价

关于行业专长与审计定价的研究,国外早期大多采用国家层面的市场份额衡量审计师的行业专长,但却找不到令人信服的结论,如 Palmrose(1986)没有发现任何行业专长与审计定价的显著关系。随后,有学者质疑国家层面的数据会掩盖国际 N 大在区域（城市）层面的行业专长，以后的研究逐渐采用城市层面的数据，但结果也并不一致。

Zeff 和 Fossum（1967）最早采用行业市场份额法对审计师行业专长进行了定量描述，随后，Yardley（1992）提出了行业组合份额法，Neal 和 Riley（2004）则进一步提出了加权市场份额法，也就是前两种方法的结合。经验证据表明，行业专长审计师通过行业专长投资，提供了差异化的审计服务（更高质量），并因此收取行业专长溢价（Craswell et al., 1995；DeFond et al., 2000）。另一方面，审计市场份额较高的审计师可能会有经验、知识方面的规模经济性，可能会对行业专长的投资成本起到抵消作用，因此，会有较低的审计收费或关系不显著（Palmrose, 1986；Ferguson and Stokes, 2002），或者或要视具体情况（Francis et al., 2005；Basioudis and Francis, 2007；Zerni, 2012）。

国内对审计师行业专长的研究则始于夏立军（2004），早期研究主要集中在其对审计质量的影响上（刘文军等，2010；韩洪灵、陈汉文，2008；蔡春、鲜文铎，2007）。之后的研究，发现审计师行业专长与审计收费之间存在正相关关系（张睿、田高良，2016；陈胜蓝、马慧，2015；陈智、徐泓，2013；吴溪、张俊生，2012；杨继飞，2010）。

审计师职业准则和风险导向审计技术都对在审计方案中考虑行业专家的作用做出了要求，这使得审计市场对行业专长有一个最低需求，实质上形成了一个进入壁垒，行业内的审计师自然会要求一个相应的垄断收益。另一方面，行业专长审计师在其聚焦的行业可能会有较高的审计质量，譬如在风险评估中对行业风险的理解更准确，采取的应对措施更有针对性。由于对审计客户业务流程更熟悉，使得专长审计师可以更好地评估客户会计政策、估计及其他财务列报的合理性，因此要求相应的质量溢价。最后，行业专长审计师更有可能在其聚焦的行业集中资源，加大对个人专业胜任能力、技术、设备、管理及组织控制系统等软硬件的投资，从而使得行业专长审计师的成本提高，产生提高审计收费，补偿成本投入的需要。

综合上述国内外文献及分析，本文提出假设 2：

H2：审计师行业专长与审计定价正相关，也即行业专长审计师与非行业专长审计师相比有专长溢价。

5.2.3 审计师声誉、行业专长与审计定价

从国内外相关研究发现，国际 N 大与非国际 N 大相比，有一个溢价，这个溢价实质上包含了品牌声誉溢价和担保价值；在国际 N 大内部，有行业专长的审计师与没有行业专长的审计师，会有一个行业专长溢价，而非国际 N 大一般谈不上行业专长，也就没有所谓的行业专长溢价。

我国的情况则比较特殊，从 2012 年起，除了国际四大外，还有国内八大，而且国内八大中的部分事务所从规模上看，超过了部分国际四大，这使得我们可以通过控制事务所规模，将审计收费中的品牌声誉价值和担保价值区分开来，首次单独考察审计师声誉对审计定价的影响。同时，由于国内八大的审计客户从数量上占据了绝对优势，也使得国内八大在某些领域体现出一定的行业专长，可以在控制声誉的基础上，进一步考察行业专长对审计定价的影响。审计师声誉和行业专长都需要事务所和审计师不断投入物力、人力维护，大量专用资本的投入需要通过审计定价补偿；另一方面，审计师声誉和行业专长也是一种具有竞争优势的核心资源，可以借此差异化其提供的审计服务，从而在审计契约议价谈判中处于有利地位。

综上，本文提出假设 3：

H3a：有行业专长的国际四大审计师比没有行业专长的国际四大审计师收取了更高的审计费用。

H3b：有行业专长的非国际四大审计师比没有行业专长的非国际四大审计师收取了更高的审计费用。

5.3 研究设计

5.3.1 研究样本与数据来源

从国泰安 CSMAR 数据库中，收集到 2012~2014 年国内沪深股市上市公司初始样本 7680 个。经过如下处理：(1) 删除审计费用未披露的样本 55 个；(2) 删除金融类上市公司 149 个，因为金融类上市公司审计定价模式及主要财

务指标显著不同于其他行业上市公司;(3)删除上市公司数量少于30的行业①,共18个行业733个样本,最终样本为6743个。

行业分类依据是上市公司行业分类指引(中国证监会2012年修订版),其中,制造业取三位代码分类(门类+大类),其他行业则取一位门类代码。本文采用Stata13.0统计软件进行数据处理和实证检验,为了消除极端值对检验结果带来的偏误和影响,对部分变量(LnAF、LnREVE、LnTA、QUICK、LEV、CATA、TATO、ROA)进行了1%和99%分位数上的缩尾处理(Winsor2)。

5.3.2 研究变量

(1)因变量与解释变量:①审计定价,LnAF,作为审计定价的代理变量,取值为2012~2014年沪深股市上市公司支付的境内审计费用的自然对数。样本中部分实施了双重审计的A+H股公司未分别披露境内外审计费用,这时我们取境内外审计费用合计替代,原因在于A+H股公司支付的审计费用普遍金额较大,如果删除样本,计量行业专长指标时可能会出现偏差。②审计师声誉,我们以国际四大作为审计师声誉的代理变量,设置Repu虚拟变量,当审计师为"国际四大"时Repu取值为1,非"国际四大"时Repu取值为0。③审计师行业专长,审计师行业专长(Spec)的衡量方法很多,本文主要采用以行业市场份额为基础的方法。行业市场份额法(IMS)是以特定行业为基础,考察特定行业中特定事务所的市场份额,以此衡量会计师事务所的行业专门化程度,是Zeff和Fossum(1967)提出的市场份额法在特定行业和特定会计师事务所的具体应用。

IMS_{ik}的计算如公式5.1所示:

$$IMS_{ik} = \frac{事务所 i 来自 k 行业的审计收入}{k 行业的审计收入} \quad (5.1)$$

式中,分母表示特定行业的上市公司支付的审计费用合计(也就是所有参与特定行业审计的会计师事务所的审计收入合计),分子表示特定事务所在该特定行业的审计收入。

$Client_{ik}$的计算如公式5.2所示:

---

① 根据证监会2012版分类代码对2012~2014年公司进行分类,按照2014年行业内公司数目确定最终进入样本的行业,共27个。

$$\text{Client}_{ik} = \frac{\text{事务所 } i \text{ 来自 } k \text{ 行业的审计客户数量}}{k \text{ 行业的审计客户数量}} \quad (5.2)$$

式中,分母表示特定行业的上市公司总数(也就是所有参与特定行业审计的会计师事务所的客户数量合计),分子表示事务所在特定行业的客户数量。

分别设置四个变量衡量市场份额:①直接用 IMS_{ik} 来衡量行业专长,此时把行业专长视为一个连续变量,取值在(0,1)之间。②设置一个虚拟变量 $\text{IMS}_{ik-rank}$ 来衡量行业专长,当行业内 IMS_{ik} 排名前三且 $\text{IMS}_{ik} \geq 10\%$,视为特定审计师在特定行业有专长,$\text{IMS}_{ik-rank}$ 取值为 1;否则,$\text{IMS}_{ik-rank}$ 取值为 0。③用 Client_{ik} 来衡量行业专长,也就是特定事务所在特定行业的客户数量,有序离散变量。④设置一个虚拟变量 $\text{Client}_{ik-rank}$ 来衡量行业专长,当行业内 Client_{ik} 排名前三且 $\text{Client}_{ik} \geq 6$,$\text{Client}_{ik-rank}$ 取值为 1;否则,取值为 0。

(2)控制变量:LnREVE,会计师事务所规模,用会计师事务所业务收入合计的自然对数衡量;LnTA,审计客户的规模,用审计客户资产总额的自然对数衡量;SQREMP,审计业务复杂程度,用员工人数的平方根表示;QUICK,速冻比率,(流动资产-存货)/流动负债,反映审计客户的短期偿债能力;LEV,资产负债率,负债/总资产,反映审计客户的长期偿债能力;CATA,流动资产总资产比率,流动资产/资产总额,反映审计客户的资产结构;TATO,总资产周转率,营业收入/平均资产总额,反映审计客户的营运能力;ROA,总资产收益率,息税前利润与资产总额之比;LOSS,当年是否亏损,当审计客户当年净利润<0 时取值为 1,其他取值为 0;MODOPN,是否为非标准审计意见,事务所出具的是非标准审计意见报告时取值为 1,其他取值为 0;SOE,是否国有控股,当年报中披露的实际控制人为国有企业、行政机关、事业单位、地方机构时取值为 1,其他取值为 0;ADDI,董事长总经理是否兼任,虚拟变量,董事长总经理是否互相兼任,一个人兼任两职时取值为 1,其他取值为 0;INDUSTRY,行业虚拟变量;YEAR,年度虚拟变量。

5.3.3 研究模型

本文依据审计定价经典文献 Simunic(1980)的思路,参考 Nagy(2014)、Fung(2012)、Zerni(2012)、Ferguson(2006;2003)、Francis(2005)等的研究成果,在考虑中国现实国情和制度背景的情况下,新引入事务所规模(LnREVE)

变量、实际控制人是否国有(SOE)两个变量,其他均为前人研究成果。具体模型如公式(5.3)、(5.4)所示:

$$LnAF = \beta_0 + \beta_1 Repu + \beta_2 Spec + \beta_3 LnREVE + \beta_4 LnTA + \beta_5 SQREMP + \beta_6 QUICK$$
$$+ \beta_7 LEV + \beta_8 CATA + \beta_9 TATO + \beta_{10} ROA + \beta_{11} LOSS + \beta_{12} MODOPN$$
$$+ \beta_{13} SOE + \beta_{14} ADDI + \sum INDUSTRY + \sum YEAR + \varepsilon \quad (5.3)$$

其中:Spec 代表审计师行业专长,分别以 IMS_{ik}、$IMS_{ik-rank}$、$Client_{ik}$、$Client_{ik-rank}$ 表示,其他变量见前文介绍。

$$LnAF = \beta_0 + \beta_1 Repu + \beta_2 Spec + \beta_3 Repu \times Spec + \beta_4 LnREVE + \beta_5 LnTA + \beta_6 SQREMP$$
$$+ \beta_7 QUICK + \beta_8 LEV + \beta_9 CATA + \beta_{10} TATO + \beta_{11} ROA + \beta_{12} LOSS$$
$$+ \beta_{13} MODOPN + \beta_{14} SOE + \beta_{15} ADDI + \sum INDUSTRY + \sum YEAR + \varepsilon \quad (5.4)$$

其中:交互项 Repu×Spec,分别为 $Repu\_IMS_{ik}$、$Repu\_IMS_{ik-rank}$、$Repu\_Client_{ik}$、$Repu\_Client_{ik-rank}$。

5.4 实证结果与分析

5.4.1 描述性统计

表5.1报告了本文主要变量的描述性统计结果。审计收费(AF)的均值为96万元,极差是925万元,初步可见上市公司审计费用的差异较大。REPU的均值为0.06,表明从数量上看,国际四大的审计客户约占全部上市公司的6%。

IMS_{ik}、$Client_{ik}$ 的均值分别为0.07、8.86,表明各行业内事务所的平均市场份额为7%,平均客户数为8.86个。$IMS_{ik-rank}$、$Client_{ik-rank}$ 的均值分别为0.28、0.32,表示按照市场份额、客户数量标准认定的行业专长审计师的比例分别为28%、32%,两种方法认定的专长审计师差异不大。

表 5.1　变量描述性统计

	N	Mean	Std	min	p25	Median	p75	max
LnAF	6 743	13.48	0.640	12.43	13.08	13.37	13.76	16.07
AF	6 743	96.11	122.4	25	48	64	95	950
Repu	6 743	0.060	0.230	0	0	0	0	1
IMS_{ik}	6 743	0.070	0.060	0	0.020	0.060	0.120	0.440
$IMS_{ik\text{-}rank}$	6 743	0.280	0.450	0	0	0	1	1
$Client_{ik}$	6 743	8.860	7.980	1	3	6	13	37
$Client_{ik\text{-}rank}$	6 743	0.320	0.470	0	0	0	1	1
LnREVE	6 743	11.54	0.970	9.220	10.87	11.69	12.52	12.73
LnTA	6 743	21.93	1.310	19.25	20.99	21.76	22.69	25.84
SQREMP	6 743	55.09	43.69	7.280	28.76	42.46	66.05	267.5
QUICK	6 743	2.080	2.940	0.140	0.650	1.110	2.110	19.22
LEV	6 743	0.440	0.220	0.050	0.260	0.440	0.620	0.950
CATA	6 743	0.580	0.210	0.080	0.430	0.600	0.750	0.970
TATO	6 743	0.670	0.470	0.060	0.370	0.560	0.840	2.720
ROA	6 743	0.050	0.060	−0.150	0.030	0.050	0.080	0.240
LOSS	6 743	0.100	0.300	0	0	0	0	1
MODOPN	6 743	0.040	0.190	0	0	0	0	1
SOE	6 743	0.370	0.480	0	0	0	1	1
ADDI	6 743	0.250	0.430	0	0	0	1	1

注:1. 变量 LnAF、AF、LnREVE、LnTA、QUICK、LEV、CATA、TATO、ROA 经过了1%和99%分位数上的缩尾处理(Winsor2);

2. AF 的单位为万元。

5.4.2　相关性分析

表 5.2 提供了主要变量之间的 Pearson/Spearman 相关系数。其中,审计定价的自然对数(LnAF)与 Repu 的 Pearson(下同)相关系数为 0.495,初步表明有声誉的审计师平均收取了更高的审计费用;LnAF 与 IMS_{ik}、$IMS_{ik\text{-}rank}$、$Client_{ik}$、$Client_{ik\text{-}rank}$ 的相关系数分别为 0.263、0.104、−0.0812、−0.0272,初步表明审计收费与市场份额法衡量的审计师行业专长正相关,与客户数量衡量的审计师行业专长负相关。

LnAF 与 LnREVE、LnTA、SQREMP、QUICK、LEV、CATA、TATO、ROA、SOE、ADDI 均在 1%的显著性水平上显著,与 LOSS、MODOPN 在 5%的显著性水平上显著。其他各变量之间的 Pearson/Spearman 相关系数,参见表 5.2。

表 5.2 Pearson/Spearman 相关系数

	LnAF	Repu	IMS_{ik}	$IMS_{ik-rank}$	$Client_{ik}$	$Client_{ik-rank}$	LnREVE	LnTA	SQREMP	QUICK	LEV	CATA	TATO	ROA	LOSS	MODOPN	SOE	ADDI
LnAF	1	0.323	0.207	0.0906	-0.0359	0.0001	0.171	0.682	0.569	-0.303	0.358	-0.112	0.155	0.0425	-0.0119	-0.0224	0.157	-0.138
Repu	0.495	1	0.128	0.0550	-0.200	-0.126	0.295	0.287	0.225	-0.118	0.111	-0.102	0.0291	0.0416	-0.0226	-0.0193	0.118	-0.0837
IMS_{ik}	0.263	0.207	1	0.767	0.743	0.66	0.71	0.0896	0.114	0.0341	-0.0293	0.0015	0.0391	0.0324	-0.0168	-0.0121	-0.0178	0.0206
$IMS_{ik-rank}$	0.104	0.0550	0.797	1	0.561	0.663	0.554	0.0096	0.0279	0.0597	-0.0702	-0.0215	-0.0347	0.0431	-0.012	0.0023	-0.0460	0.0193
$Client_{ik}$	-0.0812	-0.172	0.578	0.624	1	0.684	0.598	-0.0887	-0.0743	0.142	-0.108	0.102	-0.0309	0.0282	-0.0336	-0.0251	-0.097	0.081
$Client_{ik-rank}$	-0.0272	-0.126	0.630	0.663	0.684	1	0.560	-0.0404	-0.0236	0.0691	-0.0805	0.0061	-0.0721	0.0189	-0.0173	-0.0147	-0.0393	0.0347
LnREVE	0.2	0.259	0.624	0.516	0.564	0.534	1	0.152	0.102	-0.0111	0.0235	-0.0356	-0.004	0.0250	-0.0102	-0.0099	0.0628	-0.0029
LnTA	0.748	0.365	0.149	0.0269	-0.113	-0.04	0.138	1	0.705	-0.438	0.509	-0.156	0.0786	0.0392	-0.0634	-0.0987	0.367	-0.226
SQREMP	0.681	0.355	0.2	0.0575	-0.0973	-0.0332	0.00250	0.728	1	-0.301	0.337	-0.217	0.379	0.0634	-0.0275	-0.0942	0.285	-0.153
QUICK	-0.243	-0.0879	0.0102	0.0405	0.114	0.0595	0.0216	-0.311	-0.231	1	-0.822	0.373	-0.0413	0.24	-0.207	-0.117	-0.302	0.182
LEV	0.343	0.108	-0.0106	-0.0709	-0.124	-0.0814	-0.0264	0.471	0.295	-0.619	1	-0.0991	0.126	-0.243	0.2	0.148	0.302	-0.174
CATA	-0.124	-0.114	-0.0231	-0.0205	0.107	0.00510	-0.0076	-0.172	-0.183	0.284	-0.102	1	0.095	0.0643	-0.132	-0.0567	-0.189	0.112
TATO	0.153	0.0304	0.0259	-0.0565	-0.0395	-0.0921	0.0858	-0.113	0.259	-0.177	0.156	0.133	1	0.249	-0.103	-0.101	0.0551	-0.0271
ROA	0.0382	0.0388	0.0426	0.0506	0.0394	0.0354	0.0325	-0.0677	0.0479	0.127	-0.264	0.0977	0.18	1	-0.497	-0.159	-0.0973	0.0322
LOSS	-0.0225	-0.0226	-0.0145	-0.012	-0.0346	-0.0173	-0.0045	-0.113	-0.0307	-0.111	0.217	-0.128	-0.0679	-0.581	1	0.233	0.0676	-0.0365
MODOPN	-0.0283	-0.0193	-0.0124	0.0023	-0.0175	-0.0147	-0.0151	0.359	-0.0625	-0.0626	0.173	-0.0562	-0.056	-0.202	0.233	1	0.0143	-0.015
SOE	0.184	0.118	0.00630	-0.046	-0.106	-0.0393	0.0666	-0.214	0.254	-0.235	0.3	-0.207	0.0671	-0.0888	0.0676	0.0143	1	-0.27
ADDI	-0.138	-0.0837	-0.0055	0.0193	0.0852	0.0347	0.0028	-0.126	-0.126	0.147	-0.173	0.124	-0.0377	0.0345	-0.0365	-0.015	-0.27	1

注:1. 左下角为 Pearson 相关系数,右上角为 Spearman 相关系数;
2. 限于篇幅及重要性的考虑,此处相关系数的显著性水平未一一列出。

5.4.3 回归分析

表 5.3 给出了公式(5.3)审计定价对审计师声誉、行业专长的回归结果。审计师声誉(Repu)在四个方程中的系数分别为 0.617、0.637、0.661、0.65,均在 1%的显著性水平上显著,数值比较稳定,平均值为 0.6413。表明保持其他因素不变,无论采用哪种方法衡量行业专长,四大审计师的审计定价比非四大审计师的审计定价平均高出 89.89%,也就是说四大审计师的声誉溢价大约维持在 89.89%的水平上,给出了支持假设 1 的有力证据。

按市场份额衡量的行业专长(IMS_{ik})的系数为 1.169,表明在控制了影响审计定价的其他因素的情况下,审计师行业内市场份额每增加 1%,审计定价会高出 1.18%。$IMS_{ik-rank}$ 的系数为 0.096,表明采用市场份额法认定的行业专长审计师相比非行业专长审计师在审计定价上平均高出 10.08%,也就是说平均的行业专长溢价在 10.08%的水平上,从经济意义上看,也很显著。

$Client_{ik}$、$Client_{ik-rank}$ 的系数分别等于 0.004、0.046,表明审计师的行业内审计客户每增加 1 个,审计定价会高出大约 0.4%,按审计客户数量标准认定的行业专长审计师比非行业专长审计师在审计定价上平均高出 4.7%,从经济意义上看,也较为显著。整体上给出了支持假设 2 的有力证据。

审计客户规模(LnTA)、审计客户业务复杂度(SQREMP)与审计定价在(1)、(2)、(3)、(4)中均以 1%的显著性水平显著为正,表明随着审计客户规模、审计客户业务复杂度的增加,审计收费会越高,因此会是审计师在审计定价决策时需要考虑的重要因素。QUICK 是一个反映短期偿债能力的指标,其系数显著为负,表明客户短期偿债能力越强,则审计收费越低。客户亏损(LOSS)、出具非标准审计意见(MODOPN)也都与审计定价显著正相关,意味着审计师面临的审计风险增加时,会要求相应的风险补偿,进而提高审计收费。

表 5.3 回归结果（因变量"LnAF"）

	(1)	(2)	(3)	(4)
Repu	0.617***	0.637***	0.661***	0.65***
	(19.65)	(20.28)	(19.88)	(20.34)
IMS_{ik}	1.169***			
	(10.20)			
$IMS_{ik-rank}$		0.096***		
		(7.21)		
$Client_{ik}$			0.004***	
			(3.94)	
$Client_{ik-rank}$				0.046***
				(3.72)
LnREVE	-0.025***	-0.001	0.003	0.009
	(-3.85)	(-0.14)	(0.42)	(1.58)
LnTA	0.265***	0.266***	0.267***	0.267***
	(36.03)	(35.77)	(35.79)	(35.83)
SQREMP	0.003***	0.003***	0.003***	0.003***
	(13.88)	(14.61)	(14.72)	(14.71)
QUICK	-0.005***	-0.005***	-0.005***	-0.006***
	(-2.86)	(-2.74)	(-2.78)	(-2.88)
LEV	0.011	0.005	0.004	-0.000
	(0.34)	(0.16)	(0.12)	(-0.00)
CATA	0.076***	0.084***	0.080***	0.078***
	(2.66)	(2.89)	(2.73)	(2.66)
TATO	0.060***	0.063***	0.061***	0.064***
	(4.77)	(4.98)	(4.78)	(4.96)
ROA	-0.071	-0.094	-0.081	-0.087
	(-0.63)	(-0.82)	(-0.71)	(-0.76)
LOSS	0.058***	0.058***	0.059***	0.058***
	(2.95)	(2.91)	(2.99)	(2.94)
MODOPN	0.157***	0.157***	0.160***	0.162***
	(6.11)	(6.13)	(6.21)	(6.29)
SOE	-0.128***	-0.132***	-0.135***	-0.135***
	(-11.82)	(-12.12)	(-12.27)	(-12.38)
ADDI	0.001	-0.000	-0.002	-0.001
	(0.05)	(-0.01)	(-0.15)	(-0.09)
_cons	7.585***	7.371***	7.335***	7.265***
	(45.71)	(44.42)	(42.91)	(44.23)
INDUSTRY	控制	控制	控制	控制
YEAR	控制	控制	控制	控制
N	6 734	6 734	6 734	6 734
Adj. R^2	0.674	0.669	0.667	0.667
F	233.28	223.15	219.83	219.72

注:1. ***、**、* 分别表示在1%、5%、10%的显著性水平下显著(双尾检验);

2. 采用混合 OLS 回归,控制行业、年度,括号内为异方差稳健标准误(Robust Std. Err.)。

5.4.4 分组检验

表5.4、表5.5给出了公式(5.3)按审计师声誉(Repu)分组检验的结果。从表5.4(1)、(2)栏中可以看出,按市场份额衡量的审计师行业专长(IMS_{ik}、$IMS_{ik-rank}$)在 Repu=1 时均不显著,表明有行业专长的国际四大审计师和没有行业专长国际四大审计师在审计定价上没有显著差异,也就是国际四大没有体现出行业专长溢价。在表5.5(1)、(2)栏中,也均不支持国际四大收取了行业专长溢价。总体上表明,国际四大审计师中没有体现行业专长溢价,现有证据不支持假设3a。

表5.4(1)、(2)栏非国际四大组中(Repu=0 时),行业专长(IMS_{ik}、$IMS_{ik-rank}$)的系数分别为1.326、0.085,在1%的水平上显著,表明在其他条件不变的情况下,行业市场份额每增加1%,审计师审计定价约提高2.77%;有行业专长的非国际四大审计师比没有行业专长的非国际四大审计师收费高约8.87%,经济意义上也比较显著。在表5.5(1)、(2)栏非国际四大组中(Repu=0 时),$Client_{ik}$、$Client_{ik-rank}$ 的系数分别为0.001、0.024,也都分别在10%、5%的水平上显著。总体上来看,在非国际四大审计师(国内所)中有行业专长溢价,体现出审计师行业专长对审计定价的正向作用,提供了支持假设3b的有力证据。

表 5.4　分组检验(因变量"LnAF")

	(1)组		(2)组	
	Repu=1	Repu=0	Repu=1	Repu=0
IMS_{ik}	0.345	1.326***		
	(1.21)	(12.25)		
$IMS_{ik-rank}$			0.074	0.085***
			(1.24)	(6.76)
LnREVE	−0.072	−0.027***	−0.036	0.005
	(−0.38)	(−4.43)	(−0.19)	(0.97)
LnTA	0.454***	0.254***	0.453***	0.255***
	(12.50)	(36.62)	(12.26)	(36.36)
SQREMP	0.001**	0.003***	0.001**	0.003***
	(2.26)	(13.60)	(2.47)	(13.86)
QUICK	−0.006	−0.005***	−0.005	−0.006***
	(−0.22)	(−3.00)	(−0.18)	(−3.02)
LEV	0.100	0.002	0.113	−0.008
	(0.52)	(0.08)	(0.59)	(−0.25)
CATA	0.118	0.048**	0.141	0.052**
	(0.92)	(1.99)	(1.06)	(2.12)
TATO	0.076	0.070***	0.076	0.077***
	(1.39)	(6.21)	(1.39)	(6.74)
ROA	0.524	0.008	0.484	−0.003
	(0.71)	(0.07)	(0.66)	(−0.03)
LOSS	0.233*	0.048**	0.231*	0.049**
	(1.66)	(2.46)	(1.65)	(2.48)
MODOPN	0.458***	0.156***	0.455***	0.160***
	(2.95)	(5.95)	(3.02)	(6.13)
SOE	−0.136**	−0.118***	−0.130**	−0.124***
	(−2.16)	(−11.13)	(−2.09)	(−11.57)
ADDI	−0.123	0.006	−0.131	0.004
	(−1.04)	(0.54)	(−1.12)	(0.44)
_cons	4.514*	7.882***	4.083*	7.558***
	(1.86)	(51.40)	(1.72)	(49.10)
N	381	6353	381	6353
Adj. R^2	0.663	0.548	0.664	0.539
F	95.91	415.28	92.29	397.85

注:1. ***、**、* 分别表示在1%、5%、10%的显著性水平下显著(双尾检验);

2. 采用混合OLS回归,括号内为异方差稳健标准误(Robust Std. Err.);

3. 由于国际四大的审计客户较少,分组检验中未再控制行业、年度,以便四大与非四大对比。

表 5.5 分组检验（因变量"LnAF"）

	(1)组		(2)组	
	Repu=1	Repu=0	Repu=1	Repu=0
$Client_{ik}$	−0.007	0.001*		
	(−0.56)	(1.77)		
$Client_{ik-rank}$			0.038	0.024**
			(0.36)	(2.00)
LnREVE	0.015	0.019***	−0.047	0.019***
	(0.07)	(3.12)	(−0.24)	(3.45)
LnTA	0.460***	0.255***	0.457***	0.255***
	(12.68)	(36.28)	(12.64)	(36.24)
SQREMP	0.001**	0.003***	0.001**	0.003***
	(2.41)	(13.96)	(2.51)	(13.92)
QUICK	−0.002	−0.006***	−0.004	−0.006***
	(−0.07)	(−3.22)	(−0.15)	(−3.18)
LEV	0.094	−0.017	0.106	−0.017
	(0.50)	(−0.52)	(0.56)	(−0.54)
CATA	0.090	0.049**	0.111	0.052**
	(0.70)	(2.01)	(0.82)	(2.14)
TATO	0.071	0.073***	0.082	0.074***
	(1.24)	(6.30)	(1.49)	(6.41)
ROA	0.485	0.026	0.485	0.020
	(0.66)	(0.23)	(0.66)	(0.18)
LOSS	0.233*	0.052***	0.237*	0.051***
	(1.68)	(2.62)	(1.69)	(2.58)
MODOPN	0.453***	0.165***	0.451***	0.165***
	(2.96)	(6.29)	(2.88)	(6.30)
SOE	−0.134**	−0.128***	−0.136**	−0.128***
	(−2.13)	(−11.91)	(−2.15)	(−11.98)
ADDI	−0.129	0.003	−0.130	0.003
	(−1.12)	(0.27)	(−1.11)	(0.32)
_cons	3.342	7.428***	4.155*	7.430***
	(1.24)	(47.70)	(1.69)	(48.56)
N	381	6353	381	6353
Adj. R^2	0.662	0.536	0.662	0.536
F	91.18	393.21	90.90	391.50

注：1. ***、**、*分别表示在1%、5%、10%的显著性水平下显著（双尾检验）；

2. 采用混合OLS回归，括号内为异方差稳健标准误（Robust Std. Err.）；

3. 由于国际四大的审计客户较少，分组检验中未再控制行业、年度，以便四大与非四大对比。

5.5 稳健性检验

5.5.1 异方差-聚类稳健标准误回归

考虑到同一个公司不同时期之间的扰动项可能存在自相关,因此采用按公司聚类的异方差-稳健标准误重新回归。从表 5.6 给出的对公式(5.3)的回归结果来看,主要解释变量 Repu、IMS_{ik}、$IMS_{ik-rank}$、$Client_{ik}$、$Client_{ik-rank}$ 均在 1% 的显著性水平上显著,显著性水平均较主回归没有改变。

表 5.6 异方差-聚类稳健标准误回归(因变量"LnAF")

	(1)	(2)	(3)	(4)
Repu	0.617***	0.637***	0.661***	0.650***
	(12.59)	(13.02)	(12.85)	(13.15)
IMS_{ik}	1.169***			
	(6.78)			
$IMS_{ik-rank}$		0.096***		
		(4.83)		
$Client_{ik}$			0.004***	
			(2.69)	
$Client_{ik-rank}$				0.046***
				(2.61)
LnREVE	−0.025**	−0.001	0.003	0.009
	(−2.50)	(−0.09)	(0.28)	(1.05)
LnTA	0.265***	0.266***	0.267***	0.267***
	(23.08)	(22.92)	(22.97)	(23.00)
SQREMP	0.003***	0.003***	0.003***	0.003***
	(8.67)	(9.10)	(9.16)	(9.17)
QUICK	−0.005**	−0.005*	−0.005**	−0.006**
	(−2.04)	(−1.94)	(−1.97)	(−2.04)
LEV	0.011	0.005	0.004	−0.000
	(0.23)	(0.11)	(0.08)	(−0.00)
CATA	0.076*	0.084*	0.080*	0.078*
	(1.74)	(1.89)	(1.78)	(1.74)
TATO	0.060***	0.063***	0.061***	0.064***
	(3.04)	(3.18)	(3.04)	(3.16)
ROA	−0.071	−0.094	−0.081	−0.087
	(−0.48)	(−0.62)	(−0.54)	(−0.58)

续表

	(1)	(2)	(3)	(4)
LOSS	0.058***	0.058**	0.059***	0.058***
	(2.60)	(2.56)	(2.62)	(2.58)
MODOPN	0.157***	0.157***	0.160***	0.162***
	(4.79)	(4.79)	(4.86)	(4.91)
SOE	−0.128***	−0.132***	−0.135***	−0.135***
	(−7.58)	(−7.76)	(−7.85)	(−7.93)
ADDI	0.001	−0.000	−0.002	−0.001
	(0.04)	(−0.01)	(−0.10)	(−0.06)
_cons	7.585***	7.371***	7.335***	7.265***
	(29.30)	(28.33)	(27.50)	(28.54)
INDUSTRY	控制	控制	控制	控制
YEAR	控制	控制	控制	控制
N	6 734	6 734	6 734	6 734
Adj. R²	0.674	0.669	0.667	0.667
F	100.63	97.06	96.23	95.91

注:1. ***、**、* 分别表示在1%、5%、10%的显著性水平下显著(双尾检验);

2. 采用混合OLS回归,按照证券代码(公司)分成了2 344个聚类,控制行业、年度,括号内为异方差聚类稳健标准误(Robust Std. Err.)。

5.5.2 仅对审计师为前十二大的样本进行回归

考虑到事务所规模大小对审计师定价行为的影响可能不同,因此,把事务所划分为国际四大、国内八大(按中注协 2012~2014 年会计师事务所综合排名,包括瑞华、立信、天健、信永中和、天职国际、致同、大华、大信)和国内中小所,仅对审计师为前十二大(包括国际四大、国内八大)的样本进行回归。

表 5.7 给出了公式(5.3)审计师为前十二大的样本回归结果。审计师声誉(Repu)在四个方程中的系数分别为 0.619、0.645、0.681、0.662 均在 1%的显著性水平上显著,与全样本回归结果一致,系数值也仅有微小差异。行业专长 IMS_{ik}、$IMS_{ik-rank}$ 的系数分别为 1.049、0.117,$Client_{ik}$、$Client_{ik-rank}$ 的系数分别为 0.006、0.068,与主回归(全样本)结果基本一致。

表 5.7 审计师为前十二大的样本回归(因变量"LnAF")

	(1)	(2)	(3)	(4)
Repu	0.619***	0.645***	0.681***	0.662***
	(18.81)	(19.32)	(18.38)	(19.47)
IMS_{ik}	1.049***			
	(8.15)			
$IMS_{ik-rank}$		0.117***		
		(7.72)		
$Client_{ik}$			0.006***	
			(4.70)	
$Client_{ik-rank}$				0.068***
				(4.76)
LnREVE	−0.085***	−0.083***	−0.074***	−0.064***
	(−5.78)	(−5.53)	(−4.35)	(−4.26)
LnTA	0.279***	0.278***	0.279***	0.280***
	(29.46)	(29.04)	(29.09)	(29.22)
SQREMP	0.003***	0.003***	0.003***	0.003***
	(11.36)	(12.08)	(12.34)	(12.26)
QUICK	−0.002	−0.002	−0.002	−0.002
	(−0.86)	(−0.64)	(−0.71)	(−0.87)
LEV	0.053	0.053	0.051	0.041
	(1.21)	(1.20)	(1.15)	(0.94)
CATA	0.083**	0.090**	0.090**	0.082**
	(2.17)	(2.35)	(2.33)	(2.12)
TATO	0.064***	0.065***	0.061***	0.065***
	(3.87)	(3.94)	(3.63)	(3.89)
ROA	−0.058	−0.076	−0.076	−0.080
	(−0.39)	(−0.50)	(−0.50)	(−0.53)
LOSS	0.041	0.041	0.042*	0.042*
	(1.62)	(1.63)	(1.67)	(1.66)
MODOPN	0.130***	0.125***	0.131***	0.133***
	(3.88)	(3.74)	(3.86)	(3.95)
SOE	−0.125***	−0.126***	−0.127***	−0.129***
	(−8.92)	(−8.94)	(−9.01)	(−9.19)
ADDI	−0.008	−0.010	−0.010	−0.010
	(−0.61)	(−0.72)	(−0.77)	(−0.78)
_cons	8.067***	8.144***	8.032***	7.897***
	(31.11)	(30.26)	(28.59)	(30.31)
INDUSTRY	控制	控制	控制	控制
YEAR	控制	控制	控制	控制
N	4 469	4 469	4 469	4 469
Adj. R^2	0.701	0.699	0.696	0.696
F	195.02	189.24	185.48	185.55

注:1. ***、**、* 分别表示在1%、5%、10%的显著性水平下显著(双尾检验);

2. 采用混合 OLS 回归,控制行业、年度,括号内为异方差稳健标准误(Robust Std. Err.)。

5.5.3 审计师声誉与行业专长的交互作用检验

在主回归中没有考虑审计师声誉与审计师行业专长的交互作用,这里我们进一步引入审计师声誉与行业专长的交互项。表 5.8 给出了对公式(5.4)的回归结果,其中仅 Repu 和 IMS_{ik} 交互项($Repu\_IMS_{ik}$)的系数为 -0.769,可以解释为随着审计师行业市场份额的增加,有声誉的审计师降低了审计定价;其余三个交互项则在相应回归方程中都不显著,表明审计师声誉与行业专长交互关系可能比较复杂,需要进一步分析。

表 5.8 加入交互项的回归结果(因变量"LnAF")

	(1)	(2)	(3)	(4)
Repu	0.709***	0.626***	0.682***	0.651***
	(15.53)	(17.05)	(13.92)	(19.74)
IMS_{ik}	1.385***			
	(12.03)			
$Repu\_IMS_{ik}$	-0.769***			
	(-2.61)			
$IMS_{ik-rank}$		0.092***		
		(7.08)		
$Repu\_IMS_{ik-rank}$		0.030		
		(0.49)		
$Client_{ik}$			0.004***	
			(4.03)	
$Repu\_Client_{ik}$			-0.006	
			(-0.61)	
$Client_{ik-rank}$				0.047***
				(3.75)
$Repu\_Client_{ik-rank}$				-0.018
				(-0.18)
LnREVE	-0.033***	0.000	0.003	0.009
	(-5.24)	(0.00)	(0.37)	(1.56)
LnTA	0.264***	0.267***	0.267***	0.267***
	(35.88)	(35.82)	(35.80)	(35.83)
SQREMP	0.003***	0.003***	0.003***	0.003***
	(14.05)	(14.68)	(14.63)	(14.70)

续表

	(1)	(2)	(3)	(4)
QUICK	-0.005***	-0.005***	-0.005***	-0.006***
	(-2.76)	(-2.76)	(-2.78)	(-2.88)
LEV	0.013	0.005	0.004	-0.000
	(0.40)	(0.15)	(0.11)	(-0.01)
CATA	0.078***	0.084***	0.079***	0.078***
	(2.71)	(2.90)	(2.71)	(2.66)
TATO	0.058***	0.064***	0.061***	0.064***
	(4.58)	(5.00)	(4.78)	(4.94)
ROA	-0.077	-0.094	-0.080	-0.087
	(-0.68)	(-0.82)	(-0.70)	(-0.76)
LOSS	0.058***	0.057***	0.059***	0.058***
	(2.94)	(2.91)	(2.98)	(2.94)
MODOPN	0.155***	0.157***	0.160***	0.162***
	(6.01)	(6.15)	(6.21)	(6.29)
SOE	-0.127***	-0.132***	-0.135***	-0.135***
	(-11.72)	(-12.12)	(-12.30)	(-12.38)
ADDI	0.001	-0.000	-0.002	-0.001
	(0.06)	(-0.02)	(-0.16)	(-0.09)
_cons	7.690***	7.362***	7.340***	7.266***
	(46.81)	(44.78)	(43.03)	(44.22)
INDUSTRY	控制	控制	控制	控制
YEAR	控制	控制	控制	控制
N	6 734	6 734	6 734	6 734
Adj. R^2	0.674	0.669	0.667	0.667
F	227.73	219.20	214.82	214.59

注:1. ***、**、*分别表示在1%、5%、10%的显著性水平下显著(双尾检验);

2. 采用混合 OLS 回归,控制行业、年度,括号内为异方差稳健标准误(Robust Std. Err.)。

5.6 小　　结

本文利用2012~2014年我国沪深两市上市公司的审计收费及相关财务指标的面板数据,实证考察了审计师声誉、行业专长对审计定价的影响。研究结果表明,审计师声誉、行业专长均与审计收费正相关,国际四大及认定的行业专长审计师均能依赖其声誉、专长取得利益。具体来说,四大审计师能够获得的平均声誉溢价大约为89.89%,按市场份额及客户数量认定的行业专长审计师能够获得的平均专长溢价分别为 10.08%、4.7%，虽然两种方法得出的溢价比率有一定差异，但都在 1% 的显著性水平下显著，证明了专长溢价的存在；进一步的分组研究显示，在国际四大审计师中行业专长的作用不显著，而非国际四大中行业专长的作用显著，按两种方法得出的专长溢价分别为 8.87%、2.4%，表明国内所之间的竞争中，行业专长是体现竞争力的一个重要因素。

本文结论对引导本土会计师事务所积极实施"做精做专、做大做强"战略，发展行业专长，形成具有本土特色的核心竞争力有重要意义。具体做法上，可以着力培育事务所的品牌、声誉入手，并在此基础上发展行业专长，形成行业专精，营造局部竞争优势，最终实现"大所有声誉、小所有专精、声誉专长相互渗透"的良性市场结构。

第6章
控制权性质、审计师行业专长与审计定价

本章利用审计收费管制解除后2012~2014年中国上市公司的面板数据，考察了控制权性质、审计师行业专长与审计定价的关系。研究结果表明：终极控制人为国有的上市公司比非国有的上市公司支付了相对较低的审计费用，行业专长审计师比非行业专长审计师收取了相对较高的审计费用，支持了审计定价中存在风险溢价和行业专长溢价的观点。进一步的分组研究发现，在国有控股的上市公司中，按市场份额衡量的审计师行业专长与审计收费显著正相关，按客户数量衡量的审计师行业专长与审计收费微弱正相关；而在非国有控股的上市公司中，按两种方法衡量的审计师行业专长均与审计收费显著正相关，这在一定程度上表明结果基本稳健。本章研究结论对引导审计师在审计定价决策中考虑与控制权性质相关的风险以及有针对地发展行业专长有重要意义。

6.1 引　　言

与英美等发达国家股权高度分散不同，中国绝大多数上市公司股权高度集中，政府或家族通常在公司中具有绝对控制权（李增泉，2017）。尽管近年来，非国有控股上市公司的数量已经超过国有控股上市公司，但是从市值规模比重来看，国有控股上市公司仍超过了60%（Wong，2016）。Faccio（2006）指出从全球平均来看大约有2.68%的上市公司的控股股东或董事会成员有政治背景，这一比例在美国更是低于0.2%，显然就控制权性质而言这与中国的情

况大相径庭。

西方国家的审计市场主要由"国际 N 大"①垄断,事务所之间的竞争主要体现在四大之间。国际 N 大的规模、品牌、声誉等要素高度同质,在垄断市场内部其价值自然无法体现。因此,为了差异化其提供的审计服务,获取竞争优势,国际大所通常会采取的一个竞争战略就是行业专门化。而在中国证券审计市场上,竞争则分为两个层次:国际 N 大与国内所之间的竞争、国内大所与国内中小所之间的竞争。在第一个层次的竞争中,国际 N 大以其品牌、声誉占据优势,获得品牌、声誉溢价;在第二个层次的竞争中,国内大所依靠规模经济、行业专长等取得竞争优势。总的来看,与英美等西方发达国家审计市场不同,中国审计市场的竞争首要的是审计师②品牌声誉的竞争,其次才是规模经济、行业专长等的竞争。因此,虽然从理论上来说,审计定价主要由事务所投入的资源成本、正常利润和风险溢价三个部分组成,但在中国还要考虑审计师的品牌声誉、规模经济、行业专长等因素。

以英美为主的西方国家在研究审计定价时,通常把样本分为 BigN 审计师与非 BigN 审计师、大规模客户与小规模客户、总所与分所等类别,较少联系控制权性质从国有、非国有的角度进行分类,这或许与英美等国家国有经济比重较低有关。而关于控制权性质与审计定价的研究,则主要涉及以下几个方面,如研究国有控股公司是否有高质量审计的需求(Wang et al., 2008; DeFond et al., 1999);国有控股上市公司有政府担保,审计师的审计风险较低,从而影响审计定价策略(宋铁波、吴小节,2013;李骥等,2005);政治关联对审计定价的影响(郭梦岚、李明辉,2009;高燕,2008)。

总体来看,国内外关于控制权性质对审计定价以及审计师行业专长对审计定价影响的研究有不少。但是,鲜有把二者结合起来,在考虑控制权性质的基础上,考察审计师行业专长对审计定价的影响。同时,鉴于中国国有控股企业在国民经济中的重要地位,考察控制权性质、审计师行业专长对审计定价的

---

① 国际大型会计师事务所的简称,各个时期略有差异,一般也用 BigN 指代。1989 年以前为国际八大,1989 年国际八大合并为国际六大,1997 年进一步合并为国际五大,2002 年安然事件爆发,安达信会计师事务所被强制解散,国际五大变成国际四大。目前国际四大,特指普华永道(PWC)、毕马威(KPMG)、德勤(DTT)和安永(EY),在我国境内都有合作所。

② 同前文一样,本章中的审计师一般指会计师事务所。

影响就显得有很强的现实意义。

6.2 文献回顾与研究假设

6.2.1 控制权性质与审计定价

部分学者认为相对非国有控股上市公司,国有控股上市公司委托代理链条较长,会削弱主要的治理方法(包括监督机制、契约约束、收购兼并和破产机制等)的作用,从而加剧代理冲突,导致较高的代理成本。

从审计客户的角度看,国有控股企业对于高质量审计服务的需求要弱于非国有控股企业(Chen et al.,2011),为高质量审计支付溢价的意愿较弱。DeFond等(1999)提出随着中国独立审计准则的颁布,国际 N 大事务所提供的审计质量显著提升,但其市场份额却显著下降,进而认为作为市场主体的国有控股上市公司缺乏对高质量审计的需求。Wang 等(2008)基于1993~2003 年的面板数据就市场环境对上市公司审计师选择行为的影响进行了研究,发现大量的国有控股企业选择当地小所,而前十大事务所的市场份额不足25%,进而得出与 DeFond 等类似的结论。另外,国有控股上市公司一般规模较大,议价能力较强,国有控股上市公司一般都是企业集团,资产规模较大,对事务所的选择余地较大,在审计收费的谈判过程中占有主动权,能获得审计定价折扣;国资委自2004年开始推行审计招标制,其普遍推行也有效降低了国有企业的审计费用(陈波、吴卫军,2015)。

从审计师的角度看,国有控股上市公司有政府担保,风险相对较低。国有控股企业在市场竞争中往往会受到政府保护,与政府关系更紧密的国有独资企业更是常常能在市场衰退时独善其身。国有控股上市公司通常身处垄断程度较高的行业,规模较大且占据较大的市场份额,同时,较高的进入壁垒也使国有控股上市公司免于遭受激烈竞争,因此,面临较低的退出风险(赵奇伟、张楠,2015)。政府控制的上市公司通常与政府存在较强的政治关联,寻租能力较强,这在一定程度上降低了事务所的审计风险,也决定了其在审计定价谈判中的强势地位(郭梦岚、李明辉,2009)。

国有控股上市公司对会计信息的依赖性较低,从而财务报告造假的概率降低。国有控股企业要执行国家经济政策,担负一部分调节社会经济的职能,同时还肩负保持社会稳定、降低失业率、重视职工福利等任务,企业的目标并不唯一表现为价值最大化。当承担了较多的政府战略目标时,上级部门会赋予该央企高管较高的主观评价分,对会计盈余、每股收益等会计信息的依赖性降低。另外,国有控股企业通常负担较多的社会责任和政治成本,受到来自政府、社会、媒体及各级国有资本监管机构的监督,财务报告造假难度增加,盈余管理行为受到一定的限制。

根据现代风险导向审计理论,审计师要在审计过程中以风险为导向,充分识别、评估审计风险,进而决定相应的审计程序的性质、时间和范围。整体上看,国有控股上市公司的审计风险会较非国有上市公司低,审计师投入的审计成本和收取的风险溢价也会相对更低。

因此,本文提出以下假设1:

H1. 在其他条件相同的情况下,审计师对非国有控股上市公司的审计收费比国有控股上市公司的审计收费高。

6.2.2 控制权性质、审计师行业专长与审计定价

由于制度背景的不同,英美等西方国家研究者较少从国有与非国有的角度考察审计师行业专长对审计定价的影响。国内的研究也较多遵循国外的套路,将审计市场区分为大、小客户市场或者N大与非N大事务所,进而从这两个角度研究审计师行业专门化对审计定价的影响(朱小平、余谦,2004;韩洪灵、陈汉文,2008;吴溪、张俊生,2012),而较少从控制权性质的角度研究审计师行业专长溢价问题。

一方面,审计职业准则和风险导向审计技术都对在审计方案中考虑行业专家的作用提出了要求,这使得审计市场对行业专长有一个最低需求,实质上形成了一个进入壁垒,行业内的审计师自然会要求一个相应的垄断收益。另一方面,行业专长审计师在其聚焦的行业可能会有较高的审计质量,譬如在风险评估中对行业风险的理解更加准确,采取的应对措施更有针对性,由于对审计客户业务流程更熟悉,使得行业专长审计师可以更好地评估客户会计政策、估计及其他财务列报的合理性,并因此要求相应的质量溢价。最后,行业专长审计师更有可能在其聚焦的行业集中资源,加大对审计师个人专业胜任能力、

技术、设备、管理及组织控制系统等软硬件的专用投资,从而使得行业专长审计师的审计成本提高,产生提高审计收费、补偿成本投入的需要。

一般而言,国有控股企业规模较大,业务复杂,对审计师的专业胜任能力以及对行业背景的了解可能有较高要求,从而更倾向于聘请专长审计师,专长审计师则因其提供的差异化审计服务收取行业专长溢价;非国有控股上市公司,股东基于委托代理风险的考虑聘请专长审计师以提高报表可信度,而专长审计师则基于风险的考虑,收取行业专长溢价。因此,总体上看,无论对国有控股上市公司,还是非国有控股上市公司,行业专长审计师都会收取行业专长溢价。综合上述分析,本文提出以下假设2:

H2a. 在保持其他因素不变的情况下,审计师对国有上市公司的审计收费中,存在行业专长溢价。

H2b. 在保持其他因素不变的情况下,审计师对非国有上市公司的审计收费中,存在行业专长溢价。

6.3 研究设计

6.3.1 研究样本与数据来源

从国泰安 CSMAR 中国上市公司财务报告审计意见数据库中,收集到 2012~2014 年沪深股市样本 7 680 个。经过以下处理:(1)剔除审计费用未披露的样本 55 个;(2)剔除金融类上市公司 149 个,因为金融类上市公司审计定价模式及主要财务指标显著不同于其他行业上市公司;(3)剔除上市公司数量少于 30 个的行业,因为本章采用市场份额基础衡量审计师行业专长,如果行业内上市公司数量较少,可能会出现按照市场份额法计算的审计师行业专长较高,但审计师并不具有行业专长的情况。最终样本为 6 743 个。

行业分类依据证监会颁布的上市公司行业分类指引(2012 年修订),其中,制造业取三位代码分类,其他行业则取一位门类代码。采用 Stata 14.0 统计软件进行数据处理和实证检验,部分控制变量进行了 1% 和 99% 分位数上的缩尾处理。

6.3.2 研究变量

(1) 因变量与解释变量

① 审计定价:LnAF,作为审计定价的代理变量,取值为沪深股市上市公司支付的境内审计费用的自然对数。样本中部分实施了双重审计的 A+H 股公司未分别披露境内外审计费用,这时我们取境内外审计费用合计替代,原因在于 A+H 股公司支付的审计费用普遍金额较大,如果删除这类样本,计量行业专长指标时可能会出现较大偏差。

② 控制权性质:设置 SOE 虚拟变量表示控制权性质,当实际控制人[①]为国有企业(1100)、行政机关及事业单位(2000)、中央机构(2100)、地方机构(2120)[②]时 SOE 取值为 1;其他类型,取值为 0。实际控制人认定的依据一般有两种:上市公司年报中公布的实际控制人;根据股权控制链计算,因此,具体设置了 SOE1、SOE2 两个具体变量。

③ 审计师行业专长:审计师行业专长(EXPE)的衡量方法很多,有行业市场份额法、行业领导者法、行业占优法、行业组合份额法、加权平均市场份额法、自称的行业专长法以及更微观的区域、城市层面(事务所分所层面)的行业专长。本部分主要采用以行业市场份额为基础的方法。行业市场份额法是以特定行业的市场份额为基础,衡量会计师事务所的行业专门化程度的一种方法,是 Zeff 和 Fossum(1967)提出的市场份额法的具体应用。计算基础可以是审计收费、客户数量、客户营业收入、客户总资产等,后续研究发现在使用客户营业收入、客户总资产衡量会计师事务所行业专长时,用其平方根拟合更好。

Gramling 和 Stone(2001)指出某会计师事务所在 K 行业的市场份额,应该是该事务所从 K 行业审计客户处取得的总审计收费除以所有事务所从 K 行业审计客户处取得的审计收费合计(也就是 K 行业所有审计客户支付的审计

---

① 实际控制人的认定标准:按照《上市公司收购管理办法》的标准,如果有下列情形之一的,构成对一个上市公司的实际控制:(一)在一个上市公司股东名册中持股数量最多的,但是有相反证据的除外;(二)能够行使、控制一个上市公司的表决权超过该公司股东名册中持股数量最多的股东的;(三)持有、控制一个上市公司股份、表决权的比例达到或者超过30%的,但是有相反证据的除外;(四)通过行使表决权能够决定一个上市公司董事会半数以上成员当选的;(五)中国证监会认定的其他情形。

② 编码采用国泰安 CSMAR 股东研究数据库对公司实际控制人性质的分类。

费用合计)。正如 DeFond 等(2000)强调的,以审计费用为基础度量市场份额,这与常常按照行业产出定义市场份额的产业经济学文献一致。然而,审计收费的信息并不总是能从公开市场获得,其中:最早的如澳大利亚、英国从 1990 年开始公开披露审计收费,美国则从 2000 年开始强制披露审计收费,中国从 2001 年颁布实施了上市公司审计收费信息强制披露,有些国家则从美国安然事件后开始强制披露审计收费,而有些国家至今尚未强制披露。研究者经常使用的替代审计收费的变量有两类:一是客户规模,如客户总资产、销售收入等;二是客户数量。进一步地,行业专长审计师的确定可以按相对市场份额或绝对市场份额。按相对市场份额标准,则行业市场份额最大或第二大的审计师被定义为专长审计师,也就是市场领导者、市场领先者法;按绝对市场份额标准,譬如 20%、30%(美国文献中常用)、10%(国内文献常用)的市场份额,超过这个门槛的审计师被认定为行业专长审计师。

根据以往文献的理论观点,采用审计费用作为基础计算市场份额比采用客户总资产、销售收入更科学,审计收费能更好地反映审计师付出的努力(Audousset-Coulier et al., 2016)。因为审计收费是客户总资产、销售收入的函数,包含了审计师面临的各种审计风险,而总资产、销售收入则仅仅是客户规模的计量,难以反映审计师执行的全部审计工作。因此,本文亦采用审计收费基础计算,附之以客户数量基础。

IMS_{ik} 的具体计算公式为:

$$IMS_{ik} = \frac{\sum_{j=1}^{J_{ik}} AF_{ijk}}{\sum_{i=1}^{I_k} \sum_{j=1}^{J_{ik}} AF_{ijk}} \quad (6.1)$$

其中,i 指审计师(会计师事务所、项目合伙人);j 指客户;k 指客户所在行业;I_k 指 k 行业中审计师的数量;J_{ik} 指审计师 i 在 k 行业中审计客户的数量;AF_{ijk} 指审计师 i 对 k 行业中审计客户 j 的审计收费(早期研究多采用总资产、销售收入、客户数量,以及总资产、销售收入的平方根,审计收费信息强制披露之后,则主要使用审计收费指标);IMS_{ik} 指在 k 行业中审计师 i 所占的市场份额。

$Client_{ik}$ 的具体计算公式为:

$$Client_{ik} = \frac{\sum_{j=1}^{J_{ik}} Client_{ijk}}{\sum_{i=1}^{I_k} \sum_{j=1}^{J_{ik}} Client_{ijk}} \quad (6.2)$$

其中,基本字母含义同 IMS_{ik} 计算公式;分母表示特定行业的上市公司总数(也就是所有参与特定行业审计的会计师事务所的客户数量合计);分子表示特定事务所在该特定行业的客户数量。

Palmrose(1986)认为行业专长审计师应该是一个行业中最大的供应商,也就是市场领导者;有时也包括第二大或第三大供应商,如果前几大供应商差距较小且与第三或其后的供应商差距较大,也就是市场领先者,随后的研究大多承袭了这种定义。按照这个界定,在一个行业内,拥有行业最大部分市场的审计师被认为是行业专长审计师,这实际上也就是行业市场份额法。以行业市场份额法界定专长审计师的主要理由在于,会计师事务所通过在目标行业投入大量资源以发展行业专门知识而成为行业专家,并进而取得较大的市场份额,这使得它们能够通过在专长行业客户间分摊发展专长的成本,最终获得规模经济收益(Audousset-Coulier et al., 2016)。利用市场份额法认定专长审计师,也就是要求一个会计师事务所通过在特定行业所占的市场份额把自己与行业内其他相竞争的事务所区分开来。

分别设置四个变量衡量市场份额:①直接用 IMS_{ik} 来衡量行业专长,此时把行业专长视为一个连续变量,取值在(0,1)之间。②设置一个虚拟变量 $IMS_{ik-rank}$ 衡量行业专长,当 $IMS_{ik-rank}$ 排名行业内前三且 $IMS_{ik-rank} \geq 10\%$,视为特定审计师在特定行业有专长,$IMS_{ik-rank}$ 取值为 1;否则,$IMS_{ik-rank}$ 取值为 0。③用 $Client_{ik}$ 来衡量行业专长,也就是特定事务所在特定行业的客户数量,有序离散变量。④设置一个虚拟变量 $Client_{ik-rank}$ 衡量行业专长,当 $Client_{ik-rank}$ 排名行业内前三且 $Client_{ik-rank} \geq 6$,$Client_{ik-rank}$ 取值为 1;否则,取值为 0。稳健性检验中,则采用行业领导者法(行业领先法)认定行业专长审计师,即仅把行业内 $IMS_{ik-rank}$、$Client_{ik-rank}$ 最大(前三名)的审计师定义为行业专长审计师。

(2)控制变量

主要控制变量包括:

LnREVE,会计师事务所规模,用会计师事务所业务收入合计的自然对数衡量;

LnTA,审计客户的规模,用审计客户资产总额的自然对数衡量;

SQREMP,审计业务复杂程度,用员工人数的平方根表示;

QUICK,速动比率,(流动资产-存货)/流动负债,反映审计客户的短期偿

债能力;

LEV,资产负债率,负债/总资产,反映审计客户的长期偿债能力;

CATA,流动资产总资产比率,流动资产/资产总额,反映审计客户的资产结构;

TATO,总资产周转率,营业收入/平均资产总额,反映审计客户的营运能力;

ROA,总资产收益率,息税前利润与资产总额比;

BIG4,审计师声誉,虚拟变量,当审计师为国际 N 大时 BIG4 取 1,其他取 0;

LOSS,当年是否亏损,当审计客户当年净利润<0 时取 1,其他取值为 0;

MODOPN,是否为非标准审计意见,事务所出具的是非标准审计意见报告时取值为 1,其他取值为 0;

ADDI,董事长总经理是否互相兼任,虚拟变量,一人兼任两职时取值为 1,其他取值为 0;

INDUSTRY,行业虚拟变量;

YEAR,年度虚拟变量。

6.3.3 研究模型

本文依据审计定价经典文献 Simunic(1980)的思路,参考 Nagy(2014)、Fung(2012)、Zerni(2012)、Ferguson(2003,2006)、Francis(2005)等的模型,在考虑中国现实国情和制度背景的情况下,引入实际控制人是否国有(SOE)、事务所规模(LnREVE)变量。为了控制行业和年度对审计定价的影响,引入行业和年度虚拟变量,包含行业和年度固定效应的具体模型如下:

$$
\begin{aligned}
LnAF = &\beta_0 + \beta_1 SOE + \beta_2 EXPE + \beta_3 LnREVE + \beta_4 LnTA + \beta_5 SQREMP + \beta_6 QUICK \\
&+ \beta_7 LEV + \beta_8 CATA + \beta_9 TATO + \beta_{10} ROA + \beta_{11} BIG4 + \beta_{12} LOSS + \beta_{13} MODOPN \\
&+ \beta_{14} ADDI + INDUSTRY\ Fixed\ Effect + YEAR\ Fixed\ Effect + \varepsilon
\end{aligned} \quad (6.3)
$$

其中:LnAF 为审计收费的自然对数;SOE 代表实际控制人性质是否为国有;EXPE 代表审计师行业专长,文中分别以 IMS_{ik}、$IMS_{ik-rank}$、$Client_{ik}$、$Client_{ik-rank}$ 表示;其他控制变量见前文介绍。

6.3.4 研究方法

本部分采用的回归方法是多元线性模型的面板数据回归,同时控制了行业固定效应和时间固定效应。面板数据是一种特殊的数据类型,它由每个观测单位或个体在两个或多个时期中观测得到,通过研究因变量随时间的变化可以消除个体间不同但时间上保持不变的遗漏变量效应(斯托克、沃森,2013;Wooldridge,2015)。本研究中存在某些短期内不随时间变化但是随行业变化(如行业业务或交易的风险水平、行业的国际化竞争程度、产品保修责任等),以及其他不随行业变化但随时间变化的遗漏变量(如信息披露要求、经济周期等),因此,在模型中同时加入行业和时间变量,也就是联合个体和时间固定效应回归模型,消除了由于时间上相同的不可观测变量和在行业间相同的不可观测变量引起的遗漏变量偏差。

本部分采用"个体中心化"OLS 算法估计固定效应估计量。回归软件(STATA 14.0)中 OLS 固定效应估计量的计算主要分为两步:第一步,每个变量减去特定个体的平均值;第二步,利用"个体中心化"变量估计回归。面板数据中,同一个体的回归误差项会存在跨时间的相关性,与异方差一样,这种相关性不会导致固定效应估计产生偏差,但会影响固定效应估计量的方差并进而影响标准误的计算。因此,本部分采用的固定效应回归标准误是群集标准误(Clustered standard error),其是异方差-自相关一致标准误(Heteroskedasticity and Autocorrelation-Consistent Standard Errors,HAC 标准误)的一种具体应用,该标准误不仅对异方差是稳健的,对同一个体的跨时间相关也是稳健的。

6.4 实证结果与分析

6.4.1 描述性统计

从表 6.1 主要变量的描述性统计结果看,审计收费的自然对数(LnAF)的均值、中位数分别为 13.48、13.37,对应的审计费用约为 71 万元、64 万元;SOE1 的均值为 0.37,表示依据上市公司年报中公布的实际控制人认定的国有控股上市公司占全部上市公司的 37%；IMS_{ik}、$Client_{ik}$ 的均值分别为 0.07、8.86，表示事务所平均的行业市场份额为 7%、平均客户数约为 8.86 个；$IMS_{ik-rank}$、$Client_{ik-rank}$ 的均值分别为 0.28、0.32，表示按照行业市场份额标准、客户数量标准认定的行业专长审计师的比例为 28% 和 32%，从总量看差异不大。

表 6.1 描述性统计

变量名	均值	标准差	最小值	25%	中值	p75	最大值
LnAF	13.480	0.640	12.430	13.080	13.370	13.760	16.070
SOE1	0.370	0.480	0.000	0.000	0.000	1.000	1.000
IMS_{ik}	0.070	0.060	0.000	0.020	0.060	0.120	0.440
$IMS_{ik-rank}$	0.280	0.450	0.000	0.000	0.000	1.000	1.000
$Client_{ik}$	8.860	7.980	1.000	3.000	6.000	13.000	37.000
$Client_{ik-rank}$	0.320	0.470	0.000	0.000	0.000	1.000	1.000
LnREVE	11.540	0.970	9.220	10.870	11.690	12.520	12.730
LnTA	21.930	1.310	19.250	20.990	21.760	22.690	25.840
SQREMP	56.150	51.320	2.240	28.760	42.460	66.050	740.500
QUICK	2.080	2.940	0.140	0.650	1.110	2.110	19.220
LEV	0.440	0.220	0.050	0.260	0.440	0.620	0.950
CATA	0.580	0.210	0.080	0.430	0.600	0.750	0.970
TATO	0.670	0.470	0.060	0.370	0.560	0.840	2.720
ROA	0.050	0.060	−0.150	0.030	0.050	0.080	0.240
BIG4	0.060	0.230	0.000	0.000	0.000	0.000	1.000
LOSS	0.100	0.300	0.000	0.000	0.000	0.000	1.000
MODOPN	0.040	0.190	0.000	0.000	0.000	0.000	1.000
ADDI	0.250	0.430	0.000	0.000	0.000	1.000	R1.000

注：变量 LnAF、LnREVE、LnTA、QUICK、LEV、CATA、TATO、ROA 经过了 1% 和 99% 分位数上的缩尾处理（Winsor2）。

其他指标，如 BIG4 的均值为 0.06，表明全部上市公司中由国际四大审计的比例为 6%，虽然这个比例看起来较小，但是我们应该注意到，2012~2014 年国际四大在中注协公布的综合排名中均全部位列前六名，可见国际四大的客户可能以大客户为主,单个客户的审计收费会比较高;LOSS 的均值为 0.1,表示样本公司中亏损企业的比例为 10%;MODOPN 的均值为 0.04,则表示有 4% 的公司被出具了非标准审计意见。

6.4.2 相关性分析

表 6.2 提供了主要变量之间的 Pearson/Spearman 相关系数。其中,审计定价的自然对数(LnAF)与 SOE1 的 Pearson 相关系数为 0.184,表明在未控制其他因素的情况下,终极控制人为国有的上市公司平均支付了相对更多的审计费用;LnAF 与 IMS_{ik}、$IMS_{ik\text{-}rank}$、$Client_{ik}$、$Client_{ik\text{-}rank}$ 的 Pearson 相关系数分别为 0.263、0.104、-0.081、-0.027,初步表明审计收费与按市场份额法衡量的行业专长正相关,与按客户数量衡量的行业专长负相关。

LnAF 与 LnAF、LnREVE、LnTA、SQREMP、QUICK、LEV、CATA、TATO、ROA、BIG4、ADDI 均在 1% 的显著性水平上显著,与 LOSS、MODOPN 在 5% 的显著性水平上显著。其他各变量之间的 Pearson/Spearman 相关系数如表 6.2 所示。

第6章 控制权性质、审计师行业专长与审计定价 | 141

表6.2 Pearson/Spearman 相关系数

变量名	LnAF	SOE1	IMS_{ik}	$IMS_{ik-rank}$	$Client_{ik}$	$Client_{ik-rank}$	LnREVE	LnTA	SQREMP	QUICK	LEV	CATA	TATO	ROA	BIG4	LOSS	MODOPN	ADDI
LnAF	1.000	0.157	0.207	0.091	−0.036	0.000	0.171	0.682	0.569	−0.303	0.358	−0.112	0.155	0.043	0.323	−0.012	−0.022	−0.138
SOE1	0.184	1.000	−0.018	−0.046	−0.097	−0.039	0.063	0.367	0.285	−0.302	0.302	−0.189	0.055	−0.097	0.118	0.068	0.014	−0.270
IMS_{ik}	0.263	0.006	1.000	0.767	0.743	0.660	0.710	0.090	0.114	0.0341	−0.029	0.002	0.039	0.032	0.128	−0.017	−0.012	0.021
$IMS_{ik-rank}$	0.104	−0.046	0.797	1.000	0.561	0.663	0.554	0.010	0.028	0.060	−0.070	−0.022	−0.035	0.0431	0.055	−0.012	0.002	0.019
$Client_{ik}$	−0.081	−0.106	0.578	0.624	1.000	0.676	0.598	−0.089	−0.074	0.142	−0.108	0.102	−0.031	0.028	−0.200	−0.034	−0.025	0.081
$Client_{ik-rank}$	−0.027	−0.039	0.630	0.663	0.684	1.000	0.560	−0.040	−0.024	0.069	−0.081	0.006	−0.072	0.019	−0.126	−0.017	−0.015	0.035
LnREVE	0.200	0.067	0.624	0.516	0.564	0.534	1.000	0.131	0.102	−0.011	0.024	−0.036	−0.004	0.025	0.295	−0.010	−0.001	−0.003
LnTA	0.748	0.359	0.149	0.027	−0.113	−0.040	0.152	1.000	0.705	−0.438	0.509	−0.156	0.079	0.039	0.287	−0.063	−0.099	−0.226
SQREMP	0.655	0.238	0.217	0.060	−0.099	−0.041	0.137	0.681	1.000	−0.301	0.337	−0.217	0.379	0.063	0.225	−0.028	−0.094	−0.153
QUICK	−0.243	−0.235	0.010	0.041	0.060	0.003	0.022	−0.311	−0.207	1.000	−0.822	0.373	−0.041	0.240	−0.118	−0.207	−0.117	0.182
LEV	0.343	0.300	−0.011	−0.071	−0.081	−0.124	0.471	−0.172	0.270	−0.619	1.000	−0.099	0.126	−0.243	0.111	0.200	0.148	−0.174
CATA	−0.124	−0.207	−0.023	−0.021	0.107	0.005	−0.026	−0.172	−0.168	0.284	−0.102	1.000	0.095	0.064	−0.102	−0.132	−0.057	0.112
TATO	0.153	0.067	0.026	−0.057	−0.040	−0.092	−0.008	0.086	0.239	−0.177	0.156	0.133	1.000	0.180	0.029	−0.101	−0.027	0.112
ROA	0.0382	−0.089	0.043	0.051	0.039	0.033	0.045	0.042	0.042	0.127	−0.264	0.098	0.180	1.000	0.042	−0.497	−0.159	0.032
BIG4	0.495	0.118	0.207	0.055	−0.172	−0.126	0.259	0.365	0.382	−0.088	0.108	−0.114	0.030	0.039	1.000	−0.023	−0.019	−0.084
LOSS	−0.023	0.068	−0.015	−0.012	−0.035	−0.017	−0.005	−0.068	−0.032	−0.111	0.217	−0.128	−0.068	−0.581	−0.023	1.000	0.233	−0.037
MODOPN	−0.028	0.0143	−0.012	0.002	−0.015	−0.018	−0.015	−0.113	−0.058	−0.063	0.173	−0.056	−0.056	−0.202	−0.019	0.233	1.000	−0.015
ADDI	−0.138	−0.270	−0.006	0.019	0.085	0.035	0.003	−0.214	−0.115	0.147	−0.173	0.124	−0.038	0.035	−0.084	−0.037	−0.015	1.000

注：1. 左下角为 Pearson 相关系数，右上角为 Spearman 相关系数，此处相关系数的显著性水平未一一列出；
2. 限于篇幅及重要性的考虑，一列出。

6.4.3 回归分析

表 6.3 给出了审计定价（LnAF）对控制权性质、审计师行业专长的回归结果。控制权性质（SOE1）在 4 个方程中的系数分别为 -0.129、-0.133、-0.135、-0.136，均在 1% 的显著性水平上显著，数值比较稳定，平均值为 -0.133。表明保持其他因素不变，无论采用哪种方法衡量行业专长，审计师对终极控制人为国有的上市公司的审计定价比非国有的上市公司的审计定价平均低 12.48%，也就是说国有控股上市公司能够获得的审计费用折价大约在 12.48% 的水平上，这给出了支持假设一的有力证据。

按市场份额衡量的行业专长（IMS_{ik}）的系数等于 1.134，表明在控制了影响审计定价的其他因素的情况下，审计师的行业内市场份额每增加 1%，审计定价会高出 2.11%。$IMS_{ik-rank}$ 的系数等于 0.094，表明用市场份额法认定的行业专长审计师相比非行业专长审计师在审计定价上平均高出 9.86%，也就是说平均的行业专长溢价在 9.86% 的水平上。$Client_{ik}$、$Client_{ik-rank}$ 的系数分别等于 0.004、0.047，表明审计师的行业内审计客户每增加 1 个，审计定价会高出大约 0.4%，用审计客户数量认定的行业专长审计师相比非行业专长审计师在审计定价上平均高出大约 4.81%。实际控制人是否国有（SOE）的系数显著为负，一个可能的原因是国有相对民营企业来说一般规模更大，同时在出现问题时更可能得到政府救助，整体上风险会降低，审计的保险价值也会相应降低，进而审计师在考虑审计定价时会降低审计收费。

审计客户规模（LnTA）、审计客户业务复杂度（SQREMP）与审计定价在表 6.3 回归结果（1）、（2）、（3）、（4）组中均以 1% 的显著性水平显著为正，表明随着审计客户规模、业务复杂度的增加，审计师审计定价会越高，因此是审计定价决策时需要考虑的重要因素。客户亏损（LOSS）、非标准审计意见（MODOPN）也都与审计定价显著正相关，这意味着审计师面临的审计风险增加时，会要求相应的风险补偿，进而提高审计收费。BIG4 的系数在四个方程中均显著为正，表明国际四大比非国际四大收取的审计费用高，有品牌声誉溢价。ADDI 则均不显著，表明董事长、总经理是一人兼任还是两职分离对审计收费影响不大。

表6.3　回归结果（因变量：LnAF）

变量名	(1)	(2)	(3)	(4)
SOE1	-0.129***	-0.133***	-0.135***	-0.136***
	(-11.82)	(-12.11)	(-12.26)	(-12.36)
IMS_{ik}	1.134***			
	(9.60)			
$IMS_{ik-rank}$		0.094***		
		(6.98)		
$Client_{ik}$			0.004***	
			(3.85)	
$Client_{ik-rank}$				0.047***
				(3.74)
LnREVE	-0.022***	0.001	0.004	0.010*
	(-3.44)	(0.10)	(0.61)	(1.72)
LnTA	0.288***	0.288***	0.289***	0.289***
	(38.50)	(38.12)	(38.30)	(38.38)
SQREMP	0.002***	0.002***	0.002***	0.002***
	(9.26)	(10.14)	(10.41)	(10.41)
QUICK	-0.006***	-0.006***	-0.006***	-0.006***
	(-3.04)	(-2.93)	(-2.97)	(-3.07)
LEV	0.006	0.001	0.000	-0.004
	(0.20)	(0.04)	(0.01)	(-0.11)
CATA	0.062**	0.070**	0.066**	0.064**
	(2.13)	(2.40)	(2.25)	(2.19)
TATO	0.075***	0.077***	0.075***	0.077***
	(5.82)	(5.94)	(5.74)	(5.91)
ROA	-0.063	-0.082	-0.069	-0.075
	(-0.55)	(-0.72)	(-0.60)	(-0.66)
BIG4	0.604***	0.620***	0.643***	0.633***
	(18.98)	(19.57)	(19.16)	(19.65)
LOSS	0.062***	0.062***	0.063***	0.062***
	(3.14)	(3.12)	(3.19)	(3.15)
MODOPN	0.163***	0.163***	0.165***	0.167***
	(6.30)	(6.32)	(6.39)	(6.47)
ADDI	0.002	0.001	-0.000	0.000
	(0.18)	(0.10)	(-0.03)	(0.03)
_cons	7.142***	6.949***	6.916***	6.853***
	(42.87)	(41.23)	(40.09)	(41.37)

续表

变量名	(1)	(2)	(3)	(4)
INDUSTRY	控制	控制	控制	控制
YEAR	控制	控制	控制	控制
N	6 734	6 734	6 734	6 734
Adj. R^2	0.670	0.666	0.664	R0.664

注:1. ***、**、* 分别表示在1%、5%、10%的显著性水平上显著(双尾检验);

2. 括号内为按公司聚类的异方差-自相关稳健标准误。

6.4.4 分组检验

表6.4和表6.5给出了按控制权性质(SOE1)分组检验的结果。从表6.4(1)组中可以看出,在实际控制人为国有时(SOE1=1),按市场份额衡量的审计师行业专长(IMS_{ik})的系数为0.985,在1%的显著性水平上显著,表明随着行业市场份额的增加,国有控股上市公司的审计师收取了更高的审计费用;表6.4(2)组中,SOE1=1时,$IMS_{ik-rank}$的系数为0.101,也即按照市场份额认定的专长审计师($IMS_{ik-rank}$)也比非专长审计师收取了更高的审计费用。以上结果表明审计定价中存在行业专长溢价,给出了支持假设H2a的证据。表6.5(3)、(4)组中,在实际控制人为国有时(SOE1=1),按客户数量衡量的审计师行业专长(IMS_{ik})、按客户数量认定的专长审计师($IMS_{ik-rank}$)的系数均不显著,不支持专长审计师对国有控股上市公司收取了较高的审计费用,也即不存在行业专长溢价。国有控股上市公司中是否存在行业专长溢价的证据不够一致,可能的原因在于:①行业专长计量方法的差异;②样本选择的问题;③模型设定的差异。

表6.4(1)、(2)组,表6.5(3)、(4)组中,在实际控制人为非国有时(SOE1=0),无论按市场份额衡量、客户数量衡量的审计师行业专长,还是按市场份额衡量、客户数量认定的专长审计师的系数都在1%的显著性水平上显著为正,表明在实际控制人为非国有的上市公司中,审计师收取了行业专长溢价,从而提供了支持假设H2b的有力证据。

表 6.4 分组检验(因变量:LnAF)

变量名	(1)组 SOE1=1	(1)组 SOE1=0	(2)组 SOE1=1	(2)组 SOE1=0
IMS_{ik}	0.985***	1.201***		
	(4.83)	(8.66)		
$IMS_{ik-rank}$			0.101***	0.098***
			(3.99)	(6.45)
LnREVE	-0.008	-0.032***	0.010	-0.009
	(-0.67)	(-4.07)	(1.00)	(-1.32)
LnTA	0.316***	0.267***	0.316***	0.269***
	(25.59)	(23.38)	(25.33)	(23.12)
SQREMP	0.002***	0.002***	0.002***	0.002***
	(7.85)	(3.94)	(8.66)	(4.15)
QUICK	-0.003	-0.006***	-0.003	-0.006***
	(-0.35)	(-3.18)	(-0.42)	(-3.11)
LEV	0.051	0.011	0.047	0.006
	(0.80)	(0.29)	(0.75)	(0.16)
CATA	0.123**	0.027	0.136**	0.033
	(2.32)	(0.77)	(2.55)	(0.94)
TATO	0.073***	0.072***	0.074***	0.076***
	(3.49)	(4.13)	(3.53)	(4.29)
ROA	0.030	-0.074	0.034	-0.107
	(0.14)	(-0.56)	(0.15)	(-0.80)
BIG4	0.568***	0.624***	0.588***	0.632***
	(12.36)	(13.83)	(12.93)	(14.03)
LOSS	0.032	0.096***	0.035	0.095***
	(0.96)	(4.20)	(1.03)	(4.14)
MODOPN	0.140***	0.189***	0.142***	0.187***
	(2.88)	(6.52)	(2.94)	(6.45)
ADDI	0.002	0.003	-0.002	0.002
	(0.07)	(0.26)	(-0.06)	(0.16)
_cons	6.236***	7.677***	6.098***	7.464***
	(22.82)	(30.79)	(22.42)	(29.29)
INDUSTRY	控制	控制	控制	控制
YEAR	控制	控制	控制	控制
N	2 507	4 227	2 507	4 227
Adj. R^2	0.711	0.615	0.709	0.610

注:1. ***、**、* 分别表示在1%、5%、10%的显著性水平下显著(双尾检验);

2. 括号内为按公司聚类的异方差-自相关稳健标准误。

表 6.5　分组检验(因变量:LnAF)

变量名	(3)组 SOE1=1	(3)组 SOE1=0	(4)组 SOE1=1	(4)组 SOE1=0
$Client_{ik}$	0.003	0.004***		
	(1.50)	(3.54)		
$Client_{ik-rank}$			0.038	0.055***
			(1.59)	(3.88)
LnREVE	0.021*	−0.006	0.023**	−0.001
	(1.72)	(−0.77)	(2.23)	(−0.10)
LnTA	0.316***	0.270***	0.316***	0.271***
	(25.27)	(23.40)	(25.31)	(23.55)
SQREMP	0.003***	0.002***	0.003***	0.002***
	(8.93)	(4.26)	(8.95)	(4.25)
QUICK	−0.003	−0.006***	−0.004	−0.007***
	(−0.42)	(−3.17)	(−0.50)	(−3.24)
LEV	0.052	0.002	0.047	−0.001
	(0.81)	(0.05)	(0.75)	(−0.02)
CATA	0.128**	0.031	0.128**	0.028
	(2.39)	(0.87)	(2.40)	(0.79)
TATO	0.073***	0.074***	0.074***	0.077***
	(3.46)	(4.14)	(3.48)	(4.32)
ROA	0.027	−0.083	0.025	−0.093
	(0.12)	(−0.62)	(0.12)	(−0.69)
BIG4	0.602***	0.657***	0.598***	0.646***
	(12.33)	(13.99)	(12.82)	(14.36)
LOSS	0.034	0.098***	0.034	0.097***
	(1.02)	(4.22)	(1.00)	(4.20)
MODOPN	0.141***	0.191***	0.145***	0.191***
	(2.95)	(6.49)	(3.02)	(6.51)
ADDI	−0.002	−0.000	−0.001	0.000
	(−0.07)	(−0.02)	(−0.05)	(0.04)
_cons	6.007***	7.432***	5.990***	7.356***
	(21.46)	(28.87)	(21.94)	(30.04)
INDUSTRY	控制	控制	控制	控制
YEAR	控制	控制	控制	控制
N	2 507	4 227	2 507	4 227
Adj. R^2	0.707	0.607	0.707	0.607

注:1. ***、**、*分别表示在1%、5%、10%的显著性水平下显著(双尾检验);
2. 括号内为按公司聚类的异方差-自相关稳健标准误。

6.5 稳健性检验

6.5.1 仅对审计师为前十二大的样本进行回归

考虑到事务所规模大小对审计师行为的影响可能不同,因此,把事务所划分为国际四大、国内八大和国内中小所,仅对审计师为前十二大(包括国际四大、国内八大)的样本进行回归。

表 6.6 给出了审计师为前十二大的样本回归结果,调整的多重判定系数 R^2 在 0.695 左右,较全样本回归的 R^2 要高,说明对 LnAF 的解释能力提高。控制权性质(SOE1)在 4 个方程中的系数分别为 -0.127、-0.128、-0.130、-0.132,均在 1% 的显著性水平下显著,与全样本回归结果一致,仅系数值有微小下降。行业专长 IMS_{ik}、$IMS_{ik-rank}$ 的系数分别为 1.035、0.116,$Client_{ik}$、$Client_{ik-rank}$ 的系数分别为 0.006、0.069,与全样本回归结果基本一致。

进一步对审计师为前十二大的样本分组回归发现,IMS_{ik}、$IMS_{ik-rank}$、$Client_{ik}$、$Client_{ik-rank}$ 的系数在各组的回归中均显著,与全样本回归结果一致。综上可见,无论全样本还是审计师为前十二大的样本,回归结果基本没有差异。

表 6.6　审计师为前十二大的样本回归(因变量:LnAF)

变量名	(1)	(2)	(3)	(4)
SOE1	-0.127***	-0.128***	-0.130***	-0.132***
	(-9.02)	(-9.06)	(-9.13)	(-9.31)
IMS_{ik}	1.035***			
	(7.72)			
$IMS_{ik-rank}$		0.116***		
		(7.55)		
$Client_{ik}$			0.006***	
			(4.57)	
$Client_{ik-rank}$				0.069***
				(4.89)

续表

变量名	(1)	(2)	(3)	(4)
LnREVE	-0.086***	-0.084***	-0.075***	-0.066***
	(-5.73)	(-5.54)	(-4.32)	(-4.40)
LnTA	0.308***	0.307***	0.308***	0.309***
	(32.99)	(32.37)	(32.56)	(32.76)
SQREMP	0.002***	0.002***	0.002***	0.002***
	(7.02)	(7.76)	(8.15)	(8.14)
QUICK	-0.003	-0.002	-0.002	-0.003
	(-1.08)	(-0.87)	(-0.95)	(-1.11)
LEV	0.046	0.046	0.044	0.036
	(1.05)	(1.05)	(1.00)	(0.81)
CATA	0.065*	0.073*	0.073*	0.065*
	(1.69)	(1.89)	(1.88)	(1.68)
TATO	0.082***	0.082***	0.078***	0.082***
	(4.84)	(4.87)	(4.56)	(4.80)
ROA	-0.045	-0.060	-0.059	-0.064
	(-0.30)	(-0.40)	(-0.39)	(-0.42)
BIG4	0.614***	0.637***	0.672***	0.655***
	(18.42)	(18.93)	(17.90)	(19.11)
LOSS	0.045*	0.046*	0.047*	0.047*
	(1.80)	(1.82)	(1.86)	(1.85)
MODOPN	0.137***	0.131***	0.137***	0.139***
	(4.05)	(3.91)	(4.02)	(4.12)
ADDI	-0.005	-0.007	-0.008	-0.008
	(-0.39)	(-0.51)	(-0.57)	(-0.57)
_cons	7.511***	7.596***	7.477***	7.373***
	-0.127***	-0.128***	-0.130***	-0.132***
INDUSTRY	控制	控制	控制	控制
YEAR	控制	控制	控制	控制
N	4 469	4 469	4 469	4 469
Adj. R^2	0.696	0.695	0.692	0.692

注:1. ***、**、*分别表示在1%、5%、10%的显著性水平下显著(双尾检验);

2. 样本较主回归减少,剔除了审计师为非前十二的上市公司样本2 265个;

3. 括号内为按公司聚类的异方差-自相关稳健标准误。

6.5.2 采用 SOE2 衡量控制权性质进行回归

主回归中采用按上市公司年报中公布的实际控制人(SOE1)作为控制权性质的替代变量,这里采用按股权控制链计算的实际控制人(SOE2)进行稳健性检验。

表6.7给出了采用 SOE2 进行回归的结果。控制权性质(SOE2)在4个方程中的系数分别为-0.123、-0.127、-0.129、-0.129,均在1%的显著性水平上显著,与主回归结果一致,仅系数值有微小下降。行业专长 IMS_{ik}、$IMS_{ik-rank}$ 的系数分别为1.145、0.095,$Client_{ik}$、$Client_{ik-rank}$ 的系数分别为0.004、0.048,与主回归结果基本一致。

采用 SOE2 进行分组回归的结果,IMS_{ik}、$IMS_{ik-rank}$、$Client_{ik}$、$Client_{ik-rank}$ 的系数分别在各组的回归中均显著,与主回归结果一致。综上可见,两种方式衡量的控制权性质,在回归结果上差异不大。

表6.7 采用 SOE2 进行回归结果(因变量:LnAF)

变量名	(1)	(2)	(3)	(4)
SOE2	-0.123***	-0.127***	-0.129***	-0.129***
	(-11.16)	(-11.43)	(-11.54)	(-11.64)
IMS_{ik}	1.145***			
	(9.68)			
$IMS_{ik-rank}$		0.095***		
		(7.06)		
$Client_{ik}$			0.004***	
			(3.81)	
$Client_{ik-rank}$				0.048***
				(3.81)
LnREVE	-0.023***	0.000	0.004	0.009
	(-3.55)	(0.02)	(0.59)	(1.62)
LnTA	0.289***	0.289***	0.290***	0.290***
	(38.49)	(38.11)	(38.27)	(38.36)
SQREMP	0.002***	0.002***	0.002***	0.002***
	(9.25)	(10.12)	(10.39)	(10.40)
QUICK	-0.006***	-0.006***	-0.006***	-0.006***
	(-3.05)	(-2.94)	(-2.98)	(-3.08)
LEV	0.008	0.003	0.001	-0.002
	(0.24)	(0.08)	(0.04)	(-0.06)

续表

变量名	(1)	(2)	(3)	(4)
CATA	0.062**	0.070**	0.066**	0.064**
	(2.13)	(2.40)	(2.25)	(2.19)
TATO	0.076***	0.078***	0.076***	0.078***
	(5.90)	(6.03)	(5.83)	(5.99)
ROA	−0.071	−0.090	−0.077	−0.083
	(−0.62)	(−0.78)	(−0.67)	(−0.72)
BIG4	0.607***	0.624***	0.647***	0.638***
	(18.97)	(19.57)	(19.14)	(19.65)
LOSS	0.062***	0.061***	0.063***	0.062***
	(3.10)	(3.08)	(3.15)	(3.10)
MODOPN	0.163***	0.162***	0.165***	0.167***
	(6.28)	(6.29)	(6.37)	(6.45)
ADDI	0.002	0.001	−0.000	0.001
	(0.20)	(0.12)	(−0.01)	(0.05)
_cons	7.131***	6.936***	6.899***	6.839***
	(42.59)	(40.97)	(39.77)	(41.08)
INDUSTRY	控制	控制	控制	控制
YEAR	控制	控制	控制	控制
N	6 722	6 722	6 722	6 722
Adj. R^2	0.669	0.665	0.663	0.663

注:1. ***、**、*分别表示在1%、5%、10%的显著性水平下显著(双尾检验);

2. 样本较主回归(SOE1)少12个,SOE2有缺失值,存在无法合理认定实际控制人性质的情况;

3. 括号内为按公司聚类的异方差-自相关稳健标准误。

6.5.3 采用不同的方法认定行业专长审计师

以市场份额为基础的方法,可以把市场份额作为连续变量使用,代表审计师行业专长的程度。但是,如果把其作为离散变量使用,则存在一个新的问题,如何确定一个合理的门槛,从而把审计师区分为行业专长审计师和非行业专长审计师两类。主要文献中提出的行业专长审计师的认定方法有3种:行业领导者法、行业领先法、自我宣称法。研究者一般会同时使用行业领导者法和行业领先法,自我宣称法则由于其较强的主观性而较少使用。其中,前两种方法:

(1) 行业领导者法

该方法通常把行业市场份额、加权市场份额最大的审计师定义为行业专长审计师,把行业组合份额最大的行业界定为审计师的专长行业。Zeff 和 Fossum(1967)最早在研究审计市场结构的文献中,提出了行业市场领导者为市场份额最大且与第二名的差距大于或等于10%,这实际上就是行业领导者法。随后,一些研究采用了类似的定义方法。

(2) 行业领先法

该方法通常把行业市场份额、加权市场份额前两名或前三名的审计师定义为行业专长审计师,把行业组合份额前两名或前三名的行业界定为审计师的专长行业。

Schiff 和 Fried(1976)提出行业专长审计师应该符合以下两个条件之一:比其他审计师的客户数量多10%,或者在某行业按客户销售收入计算的市场份额大于等于25%。Palmrose(1986)则把每个行业中最大的服务供应商(指会计师事务所)认定为行业专长审计师;但如果第一名和第二名差距不大,而前两名与第三名及以后的审计师差距较大,则把前两名认定为行业专长审计师;如果前三名差距不大,而与第四名及以后的审计师差距较大,则把前三名认定为行业专长审计师,以此类推。随后,也有不少研究采用了该法。

考虑不同行业专长审计师认定方法可能对回归结果的影响,进而采用行业领导者法和行业领先法认定行业专长审计师,重新对研究模型进行回归,主要结果并未改变。

6.6 小　　结

审计定价是会计理论界和实务界争议较多的问题。本章研究结果表明,终极控制人为国有的上市公司比非国有的上市公司支付了相对较低的审计费用,其中,国有控股上市公司能够获得的审计费用折价大约在12.48%,表明审计师能够识别与控制权性质相关的风险,降低了审计收费中包含的担保价值部分;按市场份额及客户数量认定的行业专长审计师收取的行业专长溢价分别为9.86%、4.81%,表明审计师发展行业专长是一个有效的差异化竞争战略,能够在审计中发挥一定作用。

进一步的分组研究表明,在国有控股的上市公司中按市场份额衡量的审计师行业专长与审计定价显著正相关,按客户数量衡量的审计师行业专长与审计定价的关系不显著;而在非国有控股的上市公司中两种方法衡量的审计师行业专长均与审计定价显著正相关。结论并不完全一致,显示出国有控股上市公司审计收费问题的复杂性:审计师收取行业专长溢价的前提是能够提供差异化的高质量审计服务以及在审计定价谈判中的议价能力,而目前关于国有控股上市公司是否有高质量审计需求存在争议,其较长的代理链条则会削弱公司内外部治理机制的作用,影响其在审计定价谈判中能够发挥的作用。

通过本章的研究,给我们的管理启示是:会计师事务所可以按客户的控制权性质组建审计服务生产线。这是适应中国特殊国情的一个管理措施,Faccio(2006)指出从全球平均来看大约有 2.68% 的上市公司的控股股东或董事会成员有政治背景。而最新的数据表明,按市值规模比重的标准,中国的上市公司中国有控股的比重超过了 60%。控制权性质不同的客户其管理层的行为动机与激励不同,如薪酬方案、晋升机制等;治理机制不同,如监督机制、契约约束、收购兼并和破产机制、董事会与监事会等;审计风险不同,如国有控股企业一般规模较大、存在政治关联、有政府担保,即便在竞争激烈的行业,其退出风险也较低。因此,会计师事务所的客户接受与保持程序、重大错报风险评估程序、具体审计计划与策略会因为客户的控制权性质而存在一定差异,按照客户控制权重组生产线可以使得同类审计客户因采用标准的项目组人员安排、审计流程等产生规模化效益,降低审计成本。

第7章
研究结论与政策建议

7.1 研究结论

(1) 本文利用我国证券审计市场的数据,把对审计师行业专长的研究深入到区域(分所)的层次,分别以操控性应计、达到或超过盈余门槛、非标准审计意见为被解释变量,研究了行业专长审计师对审计质量的影响,得出了行业专长审计师能够提高审计质量的结论。在进一步的研究中发现,审计师行业专长主要在区域(分所)层次发挥作用,全国(总所)层次行业专长对审计质量的影响不显著。这意味着全国(总所)的行业专门设施投资(如专用设备投资、特定行业信息化软件等)、积累的行业专长知识与技能等并不能通过总所–分所之间的网络传递到分所层次。实际上,如果审计合约的签订和执行都是以分所为主体,那么审计质量就会因分所的不同而不同,而把决策权下放给具有相关知识和技能、熟悉当地环境的分所会提高效率与审计质量。因为有关客户的专门知识常常是影响审计师客户接受与保持、总体审计策略与具体审计程序、审计意见决策等的重要因素。

(2) 审计定价是会计理论界和实务界争议较多的问题。本文研究结果表明,审计师声誉、行业专长均与审计收费正相关,国际四大及认定的行业专长审计师均能依赖其声誉、专长取得利益;进一步的分组研究显示,在国际四大审计师中行业专长的作用不显著,而非国际四大中行业专长的作用显著,表明国内所之间的竞争中,行业专长是体现竞争力的一个重要因素。这对引导本土会计师事务所积极实施"做精做专、做大做强"战略,着力培育事务所的品牌、声誉,并在此基础上发展行业专长,形成行业专精,营造局部竞争优势,最终实现"大所有声誉、小所有专精、声誉专长相互渗透"的良性市场结构,形成具有本土特色的核心竞争力有重要意义。

(3) 本文研究结果表明,终极控制人为国有的上市公司比非国有的上市公司支付了相对较低的审计费用,表明审计师能够识别与控制权性质相关的风险,降低了审计收费中包含的担保价值部分;按市场份额及客户数量认定的行业专长审计师收取了行业专长溢价,表明审计师发展行业专长是一个有效的差异化竞争战略,能够在审计中发挥一定作用。进一步的分组检验表明,在国有控股的上市公司中按市场份额衡量的审计师行业专长与审计定价显著正相关,按客户数量衡量的审计师行业专长与审计定价的关系不显著;而在非国有控股的上市公司中两种方法衡量的审计师行业专长均与审计定价显著正相关。结论并不完全一致,显示出国有控股上市公司审计收费问题的复杂性,审计师收取行业专长溢价的前提是能够提供差异化的高质量审计服务以及在审计定价谈判中的议价能力,而目前关于国有控股上市公司是否有高质量审计需求存在争议,其较长的代理链条则会削弱公司内外部治理机制的作用,影响其在审计定价谈判中能够发挥的作用。

按照行业专长重组生产线,也与世界范围内职业审计准则对理解客户的行业和业务的重要性的强调相一致,各国的审计准则,如美国(AICPA, 1993)、英国(U. K. APB, 1995)、澳大利亚(ASAICA, 1989)等也都强调了识别、设计、发展审计师行业专长的重要性。尽管理论界和监管部门都很强调会计师事务所行业专门化的作用和优势,也有国际大所实施行业专门化的成功经验,但在我国实务界,是否进行组织结构的行业专门化改造,按行业整合资源,仍然取决于客户是否有对高质量审计的需求以及事务所基于成本收益的考虑,较长时期内这将是事务所需要权衡的难题。

7.2 政策建议

7.2.1 继续推动事务所"做精做专、做大做强"战略

2007年5月,中国注册会计师协会发布了《关于推动会计师事务所做大做强的意见》(会协[2007]33号),开启了会计师事务所做大做强战略的序幕;2008年12月,中注协又发布了《关于规范和发展中小会计师事务所的意见》(会协[2008]98号),提出在推动大所"做大做强"的基础上,也要着力推动中小会计师事务所规范发展,优化结构,找准定位,实施"做精做专"战略。2009年10月,国务院办公厅转发《关于加快发展我国注册会计师行业的若干意见》(国办发[2009]56号),则明确提出大中型事务所要在人才、品牌、技术标准、执业质量等方面进一步提升、发展,小型会计师事务所要找准定位,突出特色,分别引导和支持大中小型会计师事务所"做精做专、做大做强"。

结合已有文件中"做精做专"的精神,监管部门要进一步出台"做专"的政策,其中发展"事务所行业专长"就是实现做专的一条重要途径。大中型会计师事务所可以选择多个行业发展专长,实施低成本或高差异战略;而小型事务所可以选择较少的或个别特定行业发展专长,在特定行业实行低成本高差异战略,营造在特定行业的局部竞争优势。

7.2.2 继续推动注册会计师行业品牌化

2013年5月,在第二届中国(北京)国际服务贸易交易会(简称"京交会")会计服务板块活动上,财政部部长助理余蔚平发表了《加快实现注册会计师行业品牌化和国际化发展 更好服务国家建设》的讲话,提出"要加快实现注册会计师行业的品牌化和国际化,这是建设社会主义市场经济体制的需要、是经济发展方式转变的需要、是提升行业核心竞争力的需要"。2016年11月,中注协印发了《会计师事务所品牌建设指南》,提出要加强会计师事务所品牌建设,要求品牌建设与诚信建设、合伙文化建设、发展战略实施、人才建设相结合,并进一步从愿景、战略、设计、传播、危机管理等方面给予了指导意见。

结合已有的品牌建设文件,监管部门要出台进一步的实施细则,要求事务

所给予人才、经费等的保证,结合事务所自身战略、定位、文化等因素,打造特色品牌,并进一步宣传、推广、维护自身品牌,建立国际网络,扩大影响力,打造"中国服务"品牌。

7.2.3　推动事务所按行业重组生产线

20世纪80年代后期,以英美为代表的发达国家独立审计服务市场竞争日益激烈,大型会计师事务所为了寻求有效的竞争战略并获取竞争优势,逐步走向了行业专门化的道路。最早在1993年,毕马威(KPMG)就按行业重组了其内部组织机构,是率先进行行业专门化尝试的国际大型会计师事务所,随后当时的国际大所纷纷聚焦特定行业,发展行业专长,截至目前,国际四大会计师事务所均在其网站上披露了各自聚焦、重点发展的行业,并宣称在对应行业拥有专长优势。

行业专门化是一个重要的维度,可以把审计师与特定的客户特征、服务需求联结起来,其价值在于它可以使得审计师把特定的差异化战略应用于具有相同基本特征的一个相对较大的客户群。财务领域的文献指出"国际六大"[①](现在是"国际四大")已经投入了相当的努力以建立客户所在行业的专长,审计领域的文献表明近二十年来在原有行业拥有专长的国际六大会计师事务所持续地扩大了其专长行业的市场份额,因此,可以认为行业市场份额反映了审计师按照客户行业发展专长的努力。

但目前国内尚未有明确的促进事务所发展行业专长的政策,监管部门可以借鉴国际大所实施行业专门化的成功经验,结合我国的制度背景、经济发展水平、审计市场结构、会计监管、投资者保护、事务所整体规模等因素,制订一套适合我国国情的事务所行业专门化政策,推动事务所按行业重组生产线。

7.2.4　推动修订行业监管方面的法律法规

要积极推动调整修订制约注册会计师行业发展的监管方面的法律法规,

---

① 国际大型会计师事务所的简称,各个时期略有差异,一般也用BigN指代。1989年以前为国际八大,1989年国际八大合并为国际六大,1997年进一步合并为国际五大,2002年安然事件爆发,安达信会计师事务所被强制解散,国际五大变成国际四大。目前国际四大特指普华永道(PWC)、毕马威(KPMG)、德勤(DTT)和安永(EY)。

特别是《政府采购法》《政府采购货物和服务招标投标管理办法》《最高人民法院关于审理涉及会计师事务所在审计业务活动中民事侵权赔偿案件的若干规定》《中国证券监督管理委员会行政许可实施程序规定》等法规，这些法规已经严重影响了注册会计师进一步拓展业务。

例如，2017年7月，财政部对《政府采购货物和服务招标投标管理办法》（财政部令第18号）进行了修订，修订后的办法对政府购买专业服务招投标的评标方法仍然延续之前规定为"最低评标价法"和"综合评分法"，同时规定"技术、服务等标准统一的货物服务项目，应当采用最低评标价法"。因此，在会计审计专业服务市场，政府、行政事业单位、国有企业购买此类服务通常采用最低评标价法进行招投标。会计师事务所的审计鉴证服务与一般商品、服务不同之处在于，后者仅涉及交易双方，而前者不仅与交易双方有关，还涉及诸如政府部门、投资者、银行、社会公众等诸多利益相关者。不仅如此，审计鉴证服务领域并不遵循"价廉物美"的市场法则。"劣币驱逐良币"市场乱象的产生，很大程度上与低价竞争有关。

2018年全国两会期间，《财政部对十三届全国人大一次会议第2938号建议的答复》中，财政部称，将调整低价优先的交易规则，研究是否取消最低价中标以及综合评分法中价格权重等低价导向的规定，按照质量优先的工作思路，着力推进优质优价采购。也就是说，在政府采购的招标法规中，"最低价中标"的规定将被彻底取消，这无疑有利于促进注册会计师有序市场竞争。

7.3 局限性

本文局限性在于：

(1) 由于文献中审计质量的代理指标较多，本文则仅采用操控性应计、盈余门槛、非标准审计意见和审计收费，指标的选取存在一定主观性且有一定的测量误差。

(2) 目前西方主流研究已经将审计师行业专长研究的层面拓展到了审计师个人层面，但受限于数据可得性的限制，本文仅将研究拓展到了区域（分所）层面。

(3) 由于审计师行业专长并不独立于审计质量、审计定价的其他决定因素,因此,实证模型的内生性问题无法避免,也并没有合适的工具变量。

(4) 影响行业专长审计师与审计质量、审计定价关系的调节变量很多,如宏观的法制环境、市场监管环境、社会信用体系等,微观的公司治理机制、事务所质量控制政策等,但本文仅研究了控制权性质的调节作用,也并没有探讨行业专长与审计质量之间的中介机制。

7.4 未来研究展望

审计作为一种鉴证服务,是资本市场投资者利益保护的重要制度安排。其信用品的特征,决定了要从供给的视角进行事前的质量控制,以及从产出的视角进行事后的质量反馈、修正。文献中产出视角的审计质量度量指标已经较为完善,但供给视角的审计质量控制,特别是审计师提高审计质量的能力方面,还远没有研究充分,需要借鉴行为与社会学理论、认知与心理学理论、神经科学理论,以及实验研究、案例研究、访谈、调查问卷等方法,多角度多层次展开审计质量的研究。

就审计师行业专长与审计质量、审计定价的关系来讲,未来应重点关注的问题有:

(1) 结合我国特定的制度背景展开研究,在经济发展水平、审计师法律责任、资本市场结构与条件、政府监管与处罚机制等许多方面,我国与西方发达国家有很大不同,未来研究应尽量结合我国特定的经济、法律、政治等宏观因素以及会计师事务所行业专长发展的现实情况展开。

(2) 应注意采用多种不同的度量方法与度量基础检验实证结果的稳健性,国内研究采用的度量方法与度量基础往往较单一,造成研究结论的可靠性存疑,未来应考虑多方法组合研究。

(3) 应逐步深入到区域(分所)以及项目合伙人个人层面的行业专长研究,目前国内文献主要集中在事务所全国(总所)层面的行业专长[1],这个层面强调会计师事务所总分所网络间行业专长知识、技能、声誉的共享,而忽略了区域(分所)以及项目合伙人个人层面阻碍知识技能传播的个性特征,未来应

---

[1] 这可能与区域(分所)、审计师个人层面数据的可获得性有关。

逐步深入到审计师个人的性别、任期、从业经验、学历背景、校友网络等微观特征对审计师发展行业专长的影响。

（4）应该注意到行业专长审计师提高审计质量、审计定价的动机和能力，不可避免地受到内外部环境的影响，然而，除了有关 SOX 法案的监管干涉对审计师行为的影响外，研究者对其他因素的研究很少。除了控制权性质外，未来值得进一步探讨的调节变量有：公司内部治理方面，如内部控制质量、审计委员会；外部治理方面，如监管干涉、分析师预测、审计与会计准则约束；宏观环境方面，如法制环境、经济发展水平、资本市场条件等。

（5）审计师行业专长并不独立于决定审计质量、审计定价的其他因素。未来的审计师行业专长研究可以考虑在实证模型中增加更多更合适的控制变量，以分离审计师行业专长与影响审计质量、审计定价的其他因素之间的关系。另外，要注意实证模型中的样本自选择问题，进一步就客户财务报告系统和固有特征如何影响审计师客户管理以及企业如何选聘审计师进行深入研究。

参考文献

[1] 蔡春,鲜文铎.会计师事务所行业专长与审计质量相关性的检验——来自中国上市公司审计市场的经验证据[J].会计研究,2007(06):41-47.

[2] 曹强,陈汉文,胡南薇.事务所特征、行为与审计生产效率[J].南开管理评论,2008(02):84-91.

[3] 曹强,葛晓舰.事务所任期、行业专门化与财务重述[J].审计研究,2009(06):59-68.

[4] 曾亚敏,张俊生.国际会计公司成员所的审计质量——基于中国审计市场的初步研究[J].审计研究,2014(01):96-104.

[5] 陈波,吴卫军.国有企业审计招标的制度安排及其优化研究[J].审计研究,2015(04):39-46.

[6] 陈丽红,张龙平.事务所行业专门化研究述评及展望[J].会计研究,2010(11):81-86.

[7] 陈胜蓝,马慧.会计师事务所行业专长、声誉与规模经济性的传递效应[J].审计研究,2013(06):84-92.

[8] 陈胜蓝,马慧.竞争压力、规模经济性与会计师事务所行业专长溢价[J].会计研究,2015(05):87-93.

[9] 陈宋生,陈海红,潘爽.审计结果公告与审计质量——市场感知和内隐真实质量双维视角[J].审计研究,2014(02):18-26.

[10] 陈小林,王玉涛,陈运森.事务所规模、审计行业专长与知情交易

概率[J]. 会计研究, 2013(02):69-77.

[11] 范经华, 张雅曼, 刘启亮. 内部控制、审计师行业专长、应计与真实盈余管理[J]. 会计研究, 2013(04):81-88.

[12] 高燕. 所有权结构、终极控制人与盈余管理[J]. 审计研究, 2008(06):59-70.

[13] 郭梦岚, 李明辉. 公司治理、控制权性质与审计定价[J]. 管理科学, 2009(06):71-83.

[14] 韩洪灵, 陈汉文. 会计师事务所的行业专门化是一种有效的竞争战略吗?——来自中国审计市场的经验证据[J]. 审计研究, 2008(01):53-60.

[15] 郝东洋, 王静. 审计师行业专长降低了公司权益资本成本吗?——基于法制环境与产权性质的分析[J]. 财经研究, 2015(03):132-144.

[16] 黄敬昌, 林斌, 赵静. 会计师事务所转制对审计质量的影响机制研究——基于市场感知的证据[J]. 审计研究, 2017(02):73-79.

[17] 江轩宇, 伊志宏. 审计行业专长与股价崩盘风险[J]. 中国会计评论, 2013(02):133-150.

[18] 李骥, 孙健敏, 刘向阳, 等. 关于国有企业股份制改革的实证研究[J]. 管理世界, 2005(01):120-130.

[19] 李明辉, 杨鑫. 审计师质量对上市公司融资方式选择的影响——来自中国资本市场的经验证据[J]. 会计研究, 2014(11):75-82.

[20] 李增泉. 关系型交易的会计治理——关于中国会计研究国际化的范式探析[J]. 财经研究, 2017(02):4-33.

[21] 林永坚, 王志强. 国际"四大"的审计质量更高吗?——来自中国上市公司的经验证据[J]. 财经研究, 2013(06):73-83.

[22] 刘桂良, 牟谦. 审计市场结构与审计质量:来自中国证券市场的经验证据[J]. 会计研究, 2008(06):85-92.

[23] 刘启亮, 郭俊秀, 汤雨颜. 会计事务所组织形式、法律责任与审计质量——基于签字审计师个体层面的研究[J]. 会计研究, 2015(04):86-94.

[24] 刘文军, 米莉, 傅倞轩. 审计师行业专长与审计质量——来自财务舞弊公司的经验证据[J]. 审计研究, 2010(01):47-54.

[25] 刘文军. 审计师的地理位置与审计定价策略[J]. 财经研究, 2014

(09):121-132.

[26] 龙振海,胡奕明. 终极控制权、审计师行业专长与盈余稳健性[J]. 财经研究,2011(08):59-68.

[27] 梅丹,高强. 独立性与行业专长对客户会计稳健性的影响[J]. 审计研究,2016(06):80-88.

[28] 潘珺,余玉苗. 审计委员会履职能力、召集人影响力与公司财务报告质量[J]. 南开管理评论,2017(01):108-118.

[29] 齐鲁光,韩传模. 客户产权差异、审计收费和审计质量关系研究——基于风险导向审计理论[J]. 审计研究,2016(02):66-73.

[30] 乔舒亚·罗尼,瓦达·亚瑞,罗尼,等. 盈余管理:理论、实践与研究的新发展[M]. 大连:东北财经大学出版社,2014.

[31] 斯托克,沃森. 计量经济学(第3版):英文[M]. 上海:上海人民出版社;格致出版社,2013.

[32] 宋常,杨华领,李沁洋. 审计师行业专长与企业费用粘性[J]. 审计研究,2016(06):72-79.

[33] 宋铁波,吴小节. 市场分割前提的多元化战略:解析中央企业与地方国企[J]. 改革,2013(05):127-136.

[34] 谭楚月,段宏. 审计质量只能替代吗?——来自实证研究的结论分析[J]. 会计研究,2014(07):89-95.

[35] 王守海,刘志强,张叶,等. 公允价值、行业专长与审计费用[J]. 审计研究,2017(02):48-56.

[36] 王晓珂,王艳艳,于李胜,等. 审计师个人经验与审计质量[J]. 会计研究,2016(09):75-81.

[37] 魏春燕. 审计师行业专长与客户的避税程度[J]. 审计研究,2014(02):74-83.

[38] 吴伟荣,李晶晶. 政府监管、注册会计师任期管理与审计质量研究[J]. 管理评论,2018(01):166-176.

[39] 吴溪,张俊生. 中国本土会计师事务所的市场地位与经济回报[J]. 会计研究,2012(7):80-88.

[40] 伍德里奇. 计量经济学导论:现代观点[M]. 费剑平,林相森等,

译. 北京：中国人民大学出版社，2015.

[41] 夏立军. 审计师行业专长与审计市场研究综述及启示[J]. 外国经济与管理，2004(07):39-44.

[42] 谢盛纹. 最终控制人性质、审计行业专业性与控股股东代理成本——来自我国上市公司的经验证据[J]. 审计研究，2011(03):64-73.

[43] 闫焕民，严泽浩，刘宁. 审计师搭档稳定性与审计质量——基于团队视角的研究[J]. 审计研究，2017(06):76-83.

[44] 余玉苗，宋子龙，刘颖斐. 年报预约披露、时间压力传导与独立审计质量[J]. 审计研究，2016(02):58-65.

[45] 原红旗，韩维芳. 签字会计师的执业特征与审计质量[J]. 中国会计评论，2012(03):275-302.

[46] 张宏亮，文挺. 审计质量替代指标有效性检验与筛选[J]. 审计研究，2016(04):67-75.

[47] 张睿，田高良，齐保垒，等. 会计师事务所变更、初始审计费用折价与审计质量[J]. 管理评论，2018(02):183-199.

[48] 赵奇伟，张楠. 所有权结构、隶属关系与国有企业生存分析[J]. 经济评论，2015(01):54-65.

[49] 赵艳秉，张龙平. 审计质量度量方法的比较与选择——基于我国A股市场的实证检验[J]. 经济管理，2017(05):146-157.

[50] 郑登津，闫天一. 会计稳健性、审计质量和债务成本[J]. 审计研究，2016(02):74-81.

[51] 中国注册会计师协会. 中国注册会计师审计准则第1141号——财务报表审计中对舞弊的考虑[R]. 北京：The Chinese Institute of Certified Public Accountants, CICPA, 2006.

[52] 朱小平，余谦. 我国审计收费影响因素之实证分析[J]. 中国会计评论，2004(02):393-408.

[53] AICPA. Audit Evidence[R]. American Institute of Certified Public Accountants Auditing Standards Board, Statements on Auditing Standards 106, 2006.

[54] AICPA. Audit risk and materiality in conducting an audit[R].

American Institute of Certified Public Accountants Auditing Standards Board, Statements on Auditing Standards 47, 1983.

[55] AICPA. Statement on Auditing Standards No. 99: Consideration of Fraud in a Financial Statement Audit[R]. the Auditing Standards Board of the American Institute of Certified Public Accountants (AICPA), 2002.

[56] ARCHAMBEAULT D S, DEZOORT F T, HERMANSON D R. Audit Committee Incentive Compensation and Accounting Restatements [J]. Contemporary Accounting Research, 2008,25(4):965-992.

[57] ASHBAUGH H, LAFOND R, MAYHEW B. Do nonaudit services compromise auditor independence? Further evidence[J]. The Accounting Review, 2003,78(July).

[58] AUDOUSSET-COULIER S, JENY A, JIANG L. The Validity of Auditor Industry Specialization Measures[J]. Auditing: A Journal of Practice & Theory, 2016,35(1):139-161.

[59] BALL R, KOTHARI S P, NIKOLAEV V V. On Estimating Conditional Conservatism[J]. The Accounting Review, 2013,88(3):755-787.

[60] BALSAM S, KRISHNAN J, YANG J S. Auditor Industry Specialization and Earnings Quality[J]. Auditing: A Journal of Practice & Theory, 2003,22(2):71-97.

[61] BASIOUDIS I G, FRANCIS J. Big 4 Audit Fee Premiums for National and Office-Level Industry Leadership in the United Kingdom[J]. Auditing: A Journal of Practice Theory, 2007(26):143-166.

[62] BEDARD J C. Discussion of "Audit Partner Specialization and Audit Fees: Some Evidence from Sweden" [J]. Contemporary Accounting Research, 2012,29(1):341-348.

[63] BEHN B K, CARCELLO J V. The Determinants of Audit Client Satisfaction Among Clients of Big 6 Firms[J]. Accounting Horizons, 1997,11(1):7-24.

[64] BEHN B K, CHOI J, KANG T. Audit Quality and Properties of Analyst Earnings Forecasts[J]. The Accounting Review, 2008,83(2):327-349.

[65] BELL T B, DOOGAR R, SOLOMON I. Audit Labor Usage and Fees under Business Risk Auditing[J]. Journal of Accounting Research, 2008,46(4): 729-760.

[66] BERENSON A. The Number: How the Drive for Quarterly Earnings Corrupted Wall Street and Corporate America [M]. New York: Random House, 2003.

[67] BERTON L. Price Waterhouse Managers Realign to Cover Specialized Industry Lines[N]. Wall Street Journal(JUNE 28):B5, 1995-06-28.

[68] BILLS K L, JETER D C, STEIN S E. Auditor Industry Specialization and Evidence of Cost Efficiencies in Homogenous Industries[J]. The Accounting Review, 2015,90(5):1721-1754.

[69] BLOKDIJK H, DRIEENHUIZEN F, SIMUNIC D A, et al. An Analysis of Cross-Sectional Differences in Big and Non-Big Public Accounting Firms' Audit Programs[J]. Auditing: A Journal of Practice & Theory, 2006,25(1):27-48.

[70] BLOKDIJK H, DRIEENHUIZEN F, SIMUNIC D A, et al. Factors Affecting Auditors' Assessments of Planning Materiality[J]. Auditing: A Journal of Practice & Theory, 2003,22(2):297-307.

[71] BRUYNSEELS L, KNECHEL W R, WILLEKENS M. Auditor Differentiation, Mitigating Management Actions, and Audit-Reporting Accuracy for Distressed Firms[J]. Auditing: A Journal of Practice & Theory, 2011,30(1): 1-20.

[72] CAHAN S F, EMANUEL D, SUN J. Are the Reputations of the Large Accounting Firms Really International? Evidence from the Andersen-Enron Affair [J]. Auditing: A Journal of Practice & Theory, 2009,28(2):199-226.

[73] CAHAN S F, JETER D C, NAIKER V. Are All Industry Specialist Auditors the Same? [J]. Auditing: A Journal of Practice & Theory, 2011,30 (4):191-222.

[74] CAHAN S, ZHANG W, VEENMAN D. Did the Waste Management Audit Failures Signal Lower Firm-Wide Audit Quality at Arthur Andersen? [J]. Contemporary Accounting Research, 2011,28(3):859-891.

[75] CARCELLO J V, HERMANSON D R, HUSS H F. Going-Concern Opinions: The Effects of Partner Compensation Plans and Client Size [J]. Auditing: A Journal of Practice & Theory, 2000,19(1):67-77.

[76] CARCELLO J V, NAGY A L. Client size, auditor specialization and fraudulent financial reporting[J]. Managerial Auditing Journal, 2004,19(5):651-668.

[77] CAREY P R, SIMNETT R. Audit Partner Tenure and Audit Quality [J]. The Accounting Review, 2006,81(3):653-676.

[78] CARSON E. Industry Specialization by Global Audit Firm Networks [J]. The Accounting Review, 2009,84(2):355-382.

[79] CASTERELLA J R, FRANCIS J R, LEWIS B L, et al. Auditor Industry Specialization, Client Bargaining Power, and Audit Pricing [J]. Auditing: A Journal of Practice & Theory, 2004,23(1):123-140.

[80] CASTERELLA J R, JENSEN K L, KNECHEL W R. Is Self-Regulated Peer Review Effective at Signaling Audit Quality? [J]. The Accounting Review, 2009,84(3):713-735.

[81] CASTERELLA J R, JENSEN K L, KNECHEL W R. Litigation Risk and Audit Firm Characteristics[J]. Auditing: A Journal of Practice & Theory, 2010,29(2):71-82.

[82] CHANEY P K, PHILIPICH K L. Shredded Reputation: The Cost of Audit Failure[J]. Journal of Accounting Research, 2002,40(4):1221-1245.

[83] CHANT P D. The Impact of Litigation Risk on Audit Pricing: A Review of the Economics and the Evidence[J]. Auditing: A Journal of Practice & Theory, 1996,15(2):135-138.

[84] CHEN H, CHEN J Z, LOBO G J, et al. Effects of Audit Quality on Earnings Management and Cost of Equity Capital: Evidence from China [J]. Contemporary Accounting Research, 2011,28(3):892-925.

[85] CHI H Y, CHIN C L. Firm versus Partner Measures of Auditor Industry Expertise and Effects on Auditor Quality[J]. Auditing: A Journal of Practice & Theory, 2011,30(2):201-229.

[86] CHI W, MYERS L A, OMER T C, et al. The effects of audit partner pre-client and client-specific experience on audit quality and on perceptions of audit quality[J]. Review of Accounting Studies, 2017,22(1):361-391.

[87] CHIN C, CHI H. Reducing Restatements with Increased Industry Expertise[J]. Contemporary Accounting Research, 2009,26(3):729-765.

[88] CHOI J, KIM C F, JEONG-BON K, et al. Audit Office Size, Audit Quality, and Audit Pricing[J]. Auditing: A Journal of Practice & Theory, 2010, 29(1):73-97.

[89] CHOI J, KIM C F, KIM J, et al. Audit Office Size, Audit Quality, and Audit Pricing[J]. Auditing: A Journal of Practice & Theory, 2010,29(1):73-97.

[90] CHUNG H, KALLAPUR S. Client Importance, Nonaudit Services, and Abnormal Accruals[J]. Accounting Review, 2003,78(4):931-955.

[91] CRASWELL A T, FRANCIS J R, TAYLOR S L. Auditor brand name reputations and industry specializations[J]. Journal of Accounting and Economics, 1995,20.

[92] CRASWELL A T, FRANCIS J R, TAYLOR S L. Auditor brand name reputations and industry specializations[J]. Journal of Accounting & Economics, 1995,20(3):297-322.

[93] CRASWELL A, STOKES D J, LAUGHTON J. Auditor independence and fee dependence[J]. Journal of Accounting and Economics, 2002,33(2):253-275.

[94] CRASWELL A, STOKES D, LAUGHTON J. Auditor Independence and Fee Dependence[Z]. 2002: 33.

[95] DANOS P, EICHENSEHER J W. Audit Industry Dynamics: Factors Affecting Changes in Client-Industry Market Shares[J]. Journal of Accounting Research, 1982,20(2):604-616.

[96] DE BEELDE I. An Exploratory Investigation of Industry Specialization of Large Audit Firms[J]. International Journal of Accounting, 1997,32(3):337-355.

[97] DEANGELO L E. Auditor independence, "low balling", and disclosure regulation[J]. Journal of Accounting and Economics, 1981,3(2):113-127.

[98] DEANGELO L E. Auditor independence, "low balling", and disclosure regulation[J]. Journal of Accounting and Economics, 1981,3(2).

[99] DEANGELO L E. Auditor size and audit quality[J]. Journal of Accounting & Economics, 1981,3(December).

[100] DECHOW P M, DICHEV I D. The Quality of Accruals and Earnings: The Role of Accrual Estimation Errors[J]. Accounting Review, 2002, 77(4):35.

[101] DECHOW P M, SLOAN R G, SWEENEY A P. Detecting Earnings Management[J]. The Accounting Review, 1995,70(2):193-225.

[102] DECHOW P M, SLOAN R G, SWEENEY A P. Detecting Earnings Management[J]. The Accounting Review, 1995,70(2):193-225.

[103] DECHOW P, GE W, SCHRAND C. Understanding earnings quality: A review of the proxies, their determinants and their consequences[J]. Journal of Accounting and Economics, 2010,50(2):344-401.

[104] DEFOND M L, FRANCIS J R. Audit Research after Sarbanes-Oxley[J]. Auditing: A Journal of Practice & Theory, 2005,24:5-30.

[105] DEFOND M L, JIAMBALVO J. Debt covenant violation and manipulation of accruals[J]. Journal of Accounting & Economics, 1994, 17(1/2):145-176.

[106] DEFOND M L, WONG T J, LI S. The impact of improved auditor independence on audit market concentration in China[J]. Journal of Accounting & Economics, 1999,28(3):269-305.

[107] DEFOND M, FRANCIS J, WONG T J. Auditor Industry Specialization and Market Segmentation: Evidence from Hong Kong[J]. Auditing: A Journal of Practice & Theory, 2000,19(1):49-66.

[108] DEFOND M, ZHANG J. A review of archival auditing research[J]. Journal of Accounting & Economics, 2014,58(2-3):275-326.

[109] DEGEORGE F, ZECKHAUSER R J, PATEL J. Earnings Management to Exceed Tresholds[J]. Journal of Business, 1999,72(1):1-33.

[110] DOPUCH N, SIMUNIC D. Competition in auditing: An assessment[J]. 1982.

[111] DUNN K, MAYHEW B. Audit Firm Industry Specialization and Client Disclosure Quality[J]. Review of Accounting Studies, 2004,9(1):35-58.

[112] DYE R A. Auditing standards, legal liability, and auditor wealth[J]. Journal of Political Economy, 1993,101(5):887.

[113] EICHENSEHER J W, DANOS P. The Analysis of Industry-Specific Auditor Concentration: Towards an Explanatory Model[J]. Accounting Review, 1981,56(3):479-492.

[114] FACCIO M. Politically Connected Firms[J]. Social Science Electronic Publishing, 2006,96(1):369-386.

[115] FEI K. Founding Family Ownership and the Selection of Industry Specialist Auditors[J]. Accounting Horizons, 2014,28(2):261-276.

[116] FERGUSON A, FRANCIS J R, STOKES D J. The Effects of Firm-Wide and Office-Level Industry Expertise on Audit Pricing[J]. The Accounting Review, 2003,78(2):429.

[117] FERGUSON A, STOKES D. Brand Name Audit Pricing, Industry Specialization, and Leadership Premiums post-Big 8 and Big 6 Mergers[J]. Contemporary Accounting Research, 2002,19(1):77-110.

[118] FIELDS L P, FRASER D R, WILKINS M S. An investigation of the pricing of audit services for financial institutions[J]. Journal of Accounting & Public Policy, 2004,23(1):53.

[119] FIRTH M. The provision of nonaudit services by accounting firms to their audit clients[J]. Contemporary Accounting Research, 1997,14(Summer).

[120] FRANCIS J R, DECHUN W. The Joint Effect of Investor Protection and Big 4 Audits on Earnings Quality around the World[J]. Contemporary Accounting Research, 2008,25(1):157-191.

[121] FRANCIS J R, KE B. Disclosure of fees paid to auditors and the

market valuation of earnings surprises[J]. Review of Accounting Studies, 2006, 11 (4):495-523.

[122] FRANCIS J R, MICHAS P N, YU M D. Office Size of Big 4 Auditors and Client Restatements[J]. Contemporary Accounting Research, 2013, 30(4): 1626-1661.

[123] FRANCIS J R, REICHELT K, WANG D. The Pricing of National and City-Specific Reputations for Industry Expertise in the U. S. Audit Market [J]. The Accounting Review, 2005, 80(1):113-136.

[124] FRANCIS J R, STOKES D J, ANDERSON D. City Markets as a Unit of Analysis in Audit Research and the Re-Examination of Big 6 Market Shares [J]. Abacus, 1999, 35(2):185-206.

[125] FRANCIS J R, YU M D. Big 4 Office Size and Audit Quality [J]. The Accounting Review, 2009, 84(5):1521-1552.

[126] FRANCIS J R. A Framework for Understanding and Researching Audit Quality[J]. Auditing: A Journal of Practice & Theory, 2011, 30(2):125-152.

[127] FUNG S Y K, GUL F A, KRISHNAN J. City-Level Auditor Industry Specialization, Economies of Scale, and Audit Pricing [J]. The Accounting Review, 2012, 87(4):1281-1307.

[128] GARCIA-BLANDON J, ARGILES-BOSCH J M. Audit partner industry specialization and audit quality: Evidence from Spain[J]. International Journal of Auditing, 2017.

[129] GAVER J J, PATERSON J S. The influence of large clients on office-level auditor oversight: Evidence from the property-casualty insurance industry [J]. Journal of Accounting & Economics, 2007, 43(2/3):299-320.

[130] GEIGER M A, RAGHUNANDAN K. Bankruptcies, Audit Reports, and the Reform Act[J]. Auditing: A Journal of Practice & Theory, 2001, 20(1): 187.

[131] GOODWIN J, WU D. Is the effect of industry expertise on audit pricing an office-level or a partner-level phenomenon? [J]. Review of Accounting Studies, 2014, 19(4):1532-1578.

[132] Government Accountability Office U S. Audits of Public Companies: Continued Concentration in Audit Market for Large Public Companies Does Not Call for Immediate Action[R]. Washington, DC: GAO, 2008.

[133] GRAMLING A A, STONE D N. Audit firm industry expertise: A review and synthesis of the archival literature [J]. Journal of Accounting Literature, 2001, 20: 1-29.

[134] GRANT J, BRICKER R, SHIPTSOVA R. Audit quality and professional self-regulation: A social dilemma perspective and laboratory investigation[J]. Auditing: A Journal of Practice & Theory, 1996, 15(Spring): 142-156.

[135] GRIFFIN P A, LONT D H. Do Investors Care about Auditor Dismissals and Resignations? What Drives the Response? [J]. Auditing: A Journal of Practice & Theory, 2010, 29(2): 189-214.

[136] GUL F A, FUNG S Y K, JAGGI B. Earnings quality: Some evidence on the role of auditor tenure and auditors' industry expertise [J]. Journal of Accounting & Economics, 2009, 47(3): 265-287.

[137] HOGAN C E, JETER D C. Industry Specialization by Auditors [J]. Auditing: A Journal of Practice & Theory, 1999, 18(1): 1-17.

[138] HOPWOOD A G. Introduction [J]. Accounting, Organizations & Society, 1996, 21(2/3): 217-218.

[139] HUANG H, LIU L, RAGHUNANDAN K, et al. Auditor Industry Specialization, Client Bargaining Power, and Audit Fees: Further Evidence [J]. Auditing: A Journal of Practice & Theory, 2007, 26(1): 147-158.

[140] IAASB. A Framework for Audit Quality [R]. International Auditing and Assurance Standards Board, 2013.

[141] JAGGI B, GUL F A, LAU T S C. Auditor Industry Specialization, Political Economy and Earnings Quality: Some Cross-Country Evidence [J]. Journal of International Financial Management & Accounting, 2012, 23(1): 23-61.

[142] JOHNSTONE K M, BEDARD J C. Audit Firm Portfolio Management

Decisions[J]. Journal of Accounting Research, 2004,42(4):659-690.

[143] JONG-HAG C, JEONG-BON K, XIAOHONG L, et al. Audit Pricing, Legal Liability Regimes, and Big 4 Premiums: Theory and Cross-country Evidence[J]. Contemporary Accounting Research, 2008,25(1):55-99.

[144] KINNEY JR. W R, MARTIN R D. Does Auditing Reduce Bias in Financial Reporting? A Review of Audit - Related Adjustment Studies [J]. Auditing: A Journal of Practice & Theory, 1994,13(1):149-156.

[145] KINNEY W R, PALMROSE Z V, SCHOLZ S. Auditor Independence, Non - Audit Services, and Restatements: Was the U. S. Government Right? [J]. Journal of Accounting Research, 2004,42(3):561-588.

[146] KNECHEL R W, SALTERIO S, BALLOU B. Auditing: Assurance and Risk[M]. South-Western College Pub, 2007.

[147] KNECHEL W R, KRISHNAN G V, PEVZNER M, et al. Audit Quality: Insights from the Academic Literature [J]. Auditing: A Journal of Practice & Theory, 2013,32:385-421.

[148] KNECHEL W R, NAIKER V, PACHECO G. Does auditor industry specialization matter? Evidence from market reaction to auditor switches [J]. Auditing: A Journal of Practice & Theory, 2007,26(1):19-45.

[149] KOTHARI S P, LEONE A J, WASLEY C E. Performance matched discretionary accrual measures[J]. Journal of Accounting and Economics, 2005, 39(1):163-197.

[150] KOTHARI S P, LEONE A J, WASLEY C E. Performance matched discretionary accrual measures[J]. Journal of Accounting and Economics, 2005, 39(1):163-197.

[151] KRISHNAMURTHY S, JIAN Z, NAN Z. Auditor Reputation, Auditor Independence, and the Stock-Market Impact of Andersen's Indictment on Its Client Firms[J]. Contemporary Accounting Research, 2006,23(2):465-490.

[152] KRISHNAN G V. Did Houston Clients of Arthur Andersen Recognize Publicly Available Bad News in a Timely Fashion? [J]. Contemporary Accounting Research, 2005,22(1):165-193.

[153] KRISHNAN G V. Does Big 6 Auditor Industry Expertise Constrain Earnings Management? [J]. Accounting Horizons, 2003,17(s-1):1-16.

[154] KRISHNAN G V. The Association Between Big 6 Auditor Industry Expertise and the Asymmetric Timeliness of Earnings[J]. Journal of Accounting, Auditing & Finance, 2005,20(3):209-228.

[155] KRISHNAN J. A comparison of auditors' self-reported industry expertise and alternative measures of industry specialisation[J]. Asia-Pacific Journal of Accounting & Economics, 2001,8(2):127-142.

[156] KWON S Y, LIM C Y, TAN P M. Legal Systems and Earnings Quality: The Role of Auditor Industry Specialization[J]. Auditing: A Journal of Practice & Theory, 2007,26(2):25-55.

[157] KWON S. The Impact of Competition within the Client's Industry on the Auditor Selection Decision[J]. Auditing: A Journal of Practice & Theory, 1996,15(1):53-70.

[158] LEGORIA J, MELENDREZ K, REYNOLDS J. Qualitative audit materiality and earnings management[J]. Review of Accounting Studies, 2013,18(2):414-442.

[159] LENNOX C S, XI W, TIANYU Z. Does Mandatory Rotation of Audit Partners Improve Audit Quality? [J]. The Accounting Review, 2014,89(5):1775-1803.

[160] LENNOX C, PITTMAN J A. Big Five Audits and Accounting Fraud [J]. Contemporary Accounting Research, 2010,27(1):209-247.

[161] LENNOX C, PITTMAN J A. Big Five Audits and Accounting Fraud [J]. Contemporary Accounting Research, 2010,27(1):209-247.

[162] LEVITT A. The Importance of High Quality Accounting Standards [J]. Accounting Horizons, 1998,12(1):79-82.

[163] LI C. Does Client Importance Affect Auditor Independence at the Office Level? Empirical Evidence from Going-Concern Opinions [J]. Contemporary Accounting Research, 2009,26:201-230.

[164] LIBBY R, HUN-TONG T. Modeling the Determinants of Audit

Expertise[J]. Accounting, Organizations & Society, 1994,19(8):701-716.

[165] LIM C, TAN H. Does Auditor Tenure Improve Audit Quality? Moderating Effects of Industry Specialization and Fee Dependence [J]. Contemporary Accounting Research, 2010,27(3):923-957.

[166] LIM C, TAN H. Non-audit Service Fees and Audit Quality: The Impact of Auditor Specialization[J]. Journal of Accounting Research, 2008,46(1):199-246.

[167] LOW K. The Effects of Industry Specialization on Audit Risk Assessments and Audit-Planning Decisions[J]. Accounting Review, 2004,79(1):201-219.

[168] LYS T, WATTS R L. Lawsuits against Auditors [J]. Journal of Accounting Research, 1994,32(3):65-93.

[169] MANSI S A, MAXWELL W F, MILLER D P. Does Auditor Quality and Tenure Matter to Investors? Evidence from the Bond Market[J]. Journal of Accounting Research, 2004,42(4):755-793.

[170] MAYHEW B W, WILKINS M S. Audit Firm Industry Specialization as a Differentiation Strategy: Evidence from Fees Charged to Firms Going Public [J]. Auditing: A Journal of Practice & Theory, 2003,22(2):33-52.

[171] MCNICHOLS M F. DISCUSSION OF The Quality of Accruals and Earnings: The Role of Accrual Estimation Errors[J]. Accounting Review, 2002, 77(4):61.

[172] MENON K, WILLIAMS D D. Investor Reaction to Going Concern Audit Reports[J]. The Accounting Review, 2010,85(6):2075-2105.

[173] MINUTTI-MEZA M. Does Auditor Industry Specialization Improve Audit Quality? [J]. Journal of Accounting Research, 2013,51(4):779-817.

[174] MORGAN J, STOCKEN P. The Effects of Business Risk on Audit Pricing[J]. Review of Accounting Studies, 1998,3(4):365-385.

[175] NEAL T L, RILEY J R R. Auditor Industry Specialist Research Design[J]. Auditing: A Journal of Practice & Theory, 2004,23(2):169-177.

[176] NELSON K K, PRICE R A, ROUNTREE B R. The market reaction

to Arthur Andersen's role in the Enron scandal: Loss of reputation or confounding effects? [J]. Journal of Accounting and Economics, 2008,46(2):279-293.

[177] NELSON M W, ELLIOTT J A, TARPLEY R L. Evidence from Auditors about Managers' and Auditors' Earnings Management Decisions [J]. Accounting Review, 2002,77(4):175.

[178] NUMAN W, WILLEKENS M. An empirical test of spatial competition in the audit market[J]. Journal of Accounting and Economics, 2012,53(1):450-465.

[179] OWHOSO V E, MESSIER J W F, LYNCH J J G. Error Detection by Industry-Specialized Teams during Sequential Audit Review [J]. Journal of Accounting Research, 2002,40(3):883-900.

[180] PALMROSE Z. Audit Fees and Auditor Size: Further Evidence [J]. Journal of Accounting Research, 1986,24(1):97-110.

[181] PAYNE J L. The Influence of Audit Firm Specialization on Analysts' Forecast Errors[J]. Auditing: A Journal of Practice & Theory, 2008,27(2):109-136.

[182] PCAOB. Auditing Standard No. 14: Evaluating audit results [R]. PCAOB release No. 2010-004, 2010.

[183] PCAOB. Concept Release on Audit Quality Indicators [R]. Washington, DC: PCAOB Release No. 2015-005, PCAOB(2015a), 2015.

[184] PCAOB. Standing Advisory Group Meeting Discussion Paper – Audit Quality Indicators[R]. Washington, DC: PCAOB(2013b), May 15-16, 2013.

[185] PCAOB. Statement remarks by Jeannette M. Franzel at a PCAOB public meeting on March 21[R]. Washington, DC: PCAOB(2012a), 2012.

[186] PITTMAN J A, FORTIN S. Auditor choice and the cost of debt capital for newly public firms [J]. Journal of Accounting & Economics, 2004, 37(1):113.

[187] PORTER M E. Competitive Advantage : Creating and Sustaining Superior Performance[M]. New York: Free Press, 1985.

[188] RAGHUNANDAN K. Nonaudit Services and Shareholder Ratification

of Auditors[J]. Auditing: A Journal of Practice & Theory, 2003,22(1):155.

[189] REICHELT K J, WANG D. National and Office-Specific Measures of Auditor Industry Expertise and Effects on Audit Quality[J]. Journal of Accounting Research, 2010,48(3):647-686.

[190] REYNOLDS J K, FRANCIS J R. Does size matter? The influence of large clients on office-level auditor reporting decisions[J]. Journal of Accounting & Economics, 2000,30(3):375-400.

[191] REYNOLDS J K, FRANCIS J R. Does size matter? The influence of large clients on office-level auditor reporting decisions[J]. Journal of Accounting & Economics, 2000,30(3):375-400.

[192] RHODE J G, WHITSELL G M, KELSEY R L. An Analysis of Client-Industry Concentration for Large Public Accounting Firms [J]. Accounting Review, 1974,49(4):772-787.

[193] ROBIN A J, HAO Z. Do Industry-Specialist Auditors Influence Stock Price Crash Risk? [J]. Auditing: A Journal of Practice & Theory, 2015,34(3): 47-79.

[194] SCHIFF A, FRIED H D. Large Companies and the Big Eight: An Overview[J]. Abacus, 1976,12(2):116-124.

[195] SCHIPPER K, VINCENT L. Earnings Quality [J]. Accounting Horizons, 2003,17:97-110.

[196] SIMUNIC D A, STEIN M T. The Impact of Litigation Risk on Audit Pricing: A Review of the Economics and the Evidence[J]. Auditing: A Journal of Practice & Theory, 1996,15(2):145-148.

[197] SIMUNIC D A, STEIN M. Research Product Differentiation in Auditing: Auditor Choice in the Market for Unseasoned New Issues[R]. Research Monograph no. 13. Vancouver: The Canadian Certified General Accounts' Research Foundation, 1987.

[198] SIMUNIC D A. the Pricing of Audit Serves: Theory and Evidence [J]. Journal of Accounting Research, 1980,18(1):161-190.

[199] SIMUNIC D A. The Pricing of Audit Services: Theory and Evidence

[J]. Journal of Accounting Research, 1980,18(1):161-190.

[200] SKINNER D J, SRINIVASAN S. Audit Quality and Auditor Reputation: Evidence from Japan[J]. The Accounting Review, 2012, 87(5): 1737-1765.

[201] SMIELLIAUSKAS W. The Impact of Litigation Risk on Audit Pricing: A Review of the Economics and the Evidence[J]. Auditing: A Journal of Practice & Theory, 1996,15(2):139-144.

[202] SOLOMON I, SHIELDS M D, WHITTINGTON O R. What Do Industry-Specialist Auditors Know? [J]. Journal of Accounting Research, 1999, 37(1):191-208.

[203] SU L, ZHAO X, ZHOU G. Auditor Tenure and Stock Price Idiosyncratic Volatility: The Moderating Role of Industry Specialization [J]. Auditing: A Journal of Practice & Theory, 2016,35(2):147-166.

[204] TAYLOR M H. The Effects of Industry Specialization on Auditors' Inherent Risk Assessments and Confidence Judgements [J]. Contemporary Accounting Research, 2000,17(4):693-712.

[205] TEOH S H, WONG T J. Perceived Auditor Quality and the Earnings Response Coefficient[J]. The Accounting Review, 1993,68(2):346-366.

[206] US T. Final Report of the Advisory Committee on the Auditing Profession to the US Department of the Treasury [R]. The Department of the Treasury, 2008.

[207] WANG Q, WONG T J, XIA L. State ownership, the institutional environment, and auditor choice: Evidence from China[J]. Journal of Accounting and Economics, 2008,46(1):112-134.

[208] WATTS R L, ZIMMERMAN J L. Towards a Positive Theory of the Determination of Accounting Standards[J]. The Accounting Review, 1978, 53(1):112.

[209] WEBER J, WILLENBORG M, ZHANG J. Does Auditor Reputation Matter? The Case of KPMG Germany and ComROAD AG [J]. Journal of Accounting Research, 2008,46(4):941-972.

[210] WEBER J, WILLENBORG M. Do Expert Informational Intermediaries Add Value? Evidence from Auditors in Microcap Initial Public Offerings[J]. Journal of Accounting Research, 2003,41(4):681-720.

[211] WONG T J. Corporate Governance Research on Listed Firms in China: Institutions, Governance and Accountability[J]. Foundations & Trends in Accounting, 2016,9(4):259-326.

[212] YARDLEY J A, KAUFFMAN N L, CAIRNEY T D, et al. Supplier behavior in the U. S. audit market[J]. Journal of Accounting Literature, 1992, 11:151.

[213] YI A W, WILSON M. Audit Quality and Analyst Forecast Accuracy: The Impact of Forecast Horizon and Other Modeling Choices[J]. Auditing: A Journal of Practice & Theory, 2016,35(2):167-185.

[214] YUAN R, CHENG Y, YE K. Auditor Industry Specialization and Discretionary Accruals: The Role of Client Strategy[J]. International Journal of Accounting, 2016,51(2):217-239.

[215] ZEFF S A, FOESUM R L. An Analysis of Large Audit Clients[J]. The Accounting Review, 1967,42(2):298-320.

[216] ZEFF S A, FOSSUM R L. An Analysis of Large Audit Clients[J]. Accounting Review, 1967,42(2):298.

[217] ZERNI M. Audit Partner Specialization and Audit Fees: Some Evidence from Sweden[J]. Contemporary Accounting Research, 2012,29(1):312-340.